KB260991

오늘,
명 랑 하 거 나
우울하거나

서른 살을 위한 힐링 포엠

오늘,
명랑하거나
우울하거나

장석주 지음

21세기북스

　말은 주술적인 힘을 품고, 상상력은 마법 같은 감정의 변화를 불러온다. 말과 상상력으로 이루어지는 시에는 몸과 마음을 이완시키며 휴식과 위안을 주고, 실제로 통증을 줄이고 트라우마를 치유하는 힘이 있다.

　좋은 시들이란 빛, 깊이, 기쁨의 불꽃들로 충만한 시들이다. 마음에 깊은 울림을 주는 시와 교감할 때 감정의 전이와 승화가 일어난다는 것은 분명한 사실이다. "감동은 일종의 계시이자 부활이며 환생이다. 또한 한계를 극복했다는 창조적이고 즐거우며 명쾌하고 현실적인 경험이다. 감동의 감각을 경험하면 자신을 그대로 수용하게 되고, 위축되거나 낙담한 채 숨겨져 있어 미처 발견하지 못한 자신을 깨닫게 된다."존 폭스, 『시 치료』 이를테면 시인이 '수박'을 노래하며 "물의 보석상자,/과일 가게의 냉정한/여왕,/심오함의 창고,/땅 위의/달!"파블로 네루다, 「수박을 기리는 노래」라고 쓸 때 내 혀는 잘 익은 수박의 달콤한 즙으로 충분히 적셔지고, 허덕거리던 목마름에서 풀려난다. 혹은 양말이 "황혼과/양가죽으로/짠/두 개의 상자"이고, 그 양말 속으로 집어넣는 시린 두 발은 "양털로 만들어진/두 마리 고기,/금색 실 한 가닥이/들어가 있는/금청빛/두 마리 기다란 상어"파블로 네루다, 「양말을 기리는 노래」로 변신하는 기적을 체험한다. 시는 아름다운 것들을 갑절로 아름답게 하고, 좋은 것들은 두 배로 더 좋게 만든다. 그래서 좋은 시는 무지개를 바라보는 것, 기쁨을 주는 음악을 듣는 것과 마찬가지로 공허를 기쁨으로 바꾸고, 기분을 화창하게 하고, 메마른 감정을 적셔 생기를 더하게 한다.

시는 느낌의 생동이요, 영감과 상상력의 생동이다. 그런 시들을 읽는 것만으로도 눌리고 찢긴 마음을 펴고 아물게 하는 힘이 있다고 믿는다. 나는 삭막한 가슴에 생명의 기쁨을 지피는 좋은 시들과 교감할 때마다 내 무의식의 좋은 기억과 감각적 회상들이 불꽃이 되어 타오르고 그 불꽃들이 부정적인 감정을 태워 없애는 경험을 하곤 했다. 아프고 괴로울 때 시인의 눈을 통해 세계를 바라보며 희망을 찾고 병에서 벗어나기도 한다. 시의 영감들을 어떻게 치료의 매질媒質로 쓸 것인가? 힐링 포엠은 그런 아이디어에 바탕을 두고 착상된 것이다. 이 책의 원고들은 대부분 월간 〈탑 클래스〉에 지난 5년 동안 연재했던 것들이다. 오랫동안 지면을 허락해주신 이선주 편집장, 김민희 기자께, 그리고 좋은 시를 책에 쓸 수 있도록 허락해주신 시인들께도 감사드린다. 아울러 이 원고를 멋진 책으로 만드신 21세기북스의 편집자들과 장정을 맡은 조혁준 씨께 감사드린다.

2012년 3월 하순, '호접몽'에서
장석주 쓰다.

차 례

I. 외롬과 시림이,
식초보다 아프다

Ⅲ. 진부하고 공소한,
　　　그럼에도 현실

Ⅳ. 누구나,
가슴에 벼랑 하나쯤 품고 산다

I.

외롬과 시림이, 식초보다 아프다

외로우니까
사람이다

울지 마라

외로우니까 사람이다

살아간다는 것은 외로움을 견디는 일이다

공연히 오지 않는 전화를 기다리지 마라

눈이 오면 눈길을 걸어가고

비가 오면 빗길을 걸어가라

갈대숲에서 가슴검은도요새도 너를 보고 있다

가끔은 하느님도 외로워서 눈물을 흘리신다

새들이 나뭇가지에 앉아 있는 것도 외로움 때문이고

네가 물가에 앉아 있는 것도 외로움 때문이다

산 그림자도 외로워서 하루에 한 번씩 마을로 내려온다

종소리도 외로워서 울려퍼진다

정호승, 「수선화에게」, 『외로우니까 사람이다』, 열림원, 1998

정호승의 시들은 쉽고 따뜻하다. 그래서 소통의 힘이 세고, 정서적 감화력이 넓다. 소외의 감정들을 품고 보듬어 안으며 위로한다. 그 시적 어조는 모호하지 않고 투명하다. 그래서 정호승 시인에게는 독자들이 많은가 보다.

"외로우니까 사람이다/살아간다는 것은 외로움을 견디는 일이다"라고 직설하는 구절을 보라. 시인은 외로움을 사람의 본질로써 통찰한다. 외로운 이들은 대개 혼자 있는 사람들이다. 사람은 혼자여서 외로운 게 아니라 외롭기 때문에 혼자라고 느낀다. 둘러보면 자신을 둘러싼 사람들이 얼마나 많은가! 외로운 사람에게 우주 만물은 다 외롭다. 갈대숲의 검은 도요새도, 하느님도, 산 그림자도, 종소리도 다 외롭다. 외로움은 고립과 불안에 빠진 영혼의 전유물이다. 외롭기 때문에 우주 만물이 다 외롭게 보이는 것이다.

산 그림자는 그저 하루에 한번씩 마을로 내려오고, 종소리는 그저 울려 퍼질 따름이다. 산 그림자나 종소리가 외로울 까닭이 없다. 바라보고 듣는 이가 외로운 제 심사를 덧씌우니 산 그림자가 외롭고, 종소리가 외롭다고 느껴지는 것이다.

실향과 소외는 외로움의 기본 조건이다. 사람은 고향을 떠나 있을 때나 혼자 있을 때 외로움을 느낀다. 외로움은 낯익은 세계, 혹은 정서적인 유대에서의 이탈로 인해 쓸쓸함과 서글픔을 동반한다. 고향이 공존과 공생의 장소라면 타관은 배타적 개별자의 공간이다.

진화한 고등 인간은 고향을 파괴하고 그 자리에 도시를 세우고 문명 세계를 건설한다. 우리는 그렇게 상징적 장소 결속에서 풀려나 영원한 디아스포라가 되었다.

고향을 떠나는 순간 그 인격과 상관없이 누구나 떠돌이 장돌뱅이 처지와 다름없이 되어버린다. 삶에서 신성성은 사라지고 세속성이 달라붙고, 가변可變과 유동流動이 많은 삶을 살게 되는 것이다. 무엇보다도 고향을 잃은 자는 자기 정체성에 손상을 받는다. 물화와 고독은 그 손상의 결과들이다. 영원히 부적응하는 육체와 영혼으로 오랫동안 타관을 떠돌며 "만인은 만인에 대해 늑대"와 같이 서로에 대해 으르렁거리며 점점 더 고립무원孤立無援의 상태에 빠진다. 고립무원의 상태에서는 타인은 말할 것도 없고 자신마저 자기의 적으로 변신한다.

고향을 잃은 무적자無籍者들은 탈아 상태에 빠진다. 즉 정신적 불구로 살아야 하는 운명에 처해진다. 모든 익명의 타자들을 잠재적인 적으로 규정하고 늘 의심하고 경계하며 으르렁거린다. 그래서 외로움은 병적이고 소모적이고 파괴적인 감정으로 받아들여진다. 외로움은 늘 나쁜 평판을 달고 다닌다. 외로운 이들은 불면에 시달리고, 우울증을 앓고, 자살 충동과 싸워야 하고, 더러는 약물에 중독된다고 한다. 이것들은 외로움에 대한 반쪽의 진실이다. 외로움의 본질은 타자의 도움이 필요 없는 자기 안의 충만이다. 온전히 자기 자신이 되어 자기를 바라봄이다.

외로운Einsam이라는 독일어는 자기 자신과 하나가 되는 사람이라는 뜻이라고 한다. 외로움은 사람의 무리에 종속되지 않고 저 스스로 자의식의 주체로 꿋꿋하게 설 수 있는 사람이 누리는 감정이다. 분명한 것은 외로움의 한 본질이 매우 독립적인 기질과 맞닿아 있다는 것이다.

철학자 쇼펜하우어는 "외로움은 모든 위대한 정신의 운명이다"라고 말한다. 외로움이 "안식, 아름다움, 집중의 장소"울프 포샤르트, 『외로움의 즐거움』라고 말하는 사람도 있다. 위대한 시나 그림, 음악과 같은 예술의 창조는 외로움에서 나온다. 외로움은 예술 창조를 낳는 정금正金의 시간이다. 모든 그리움은 외로움에서 배태된다. 누군가를 간절히 그리워하는 순간에는 외로움마저 감미로워진다.

자주 강가에 나가 강물이 흐르는 것을 바라본다. 강물은 그치지 않고 출렁이며 흘러간다. 나뭇가지에 앉아 노래하는 새들의 소리를 듣는다. 새들은 어느 하루도 쉬는 법 없이 지치지도 않고 노래한다. 나는 외로운가? 그렇다. 외로움은 내 존재가 불가피하게 품은 그늘이다.

나는 그늘이 없는 사람을 사랑하지 않는다
나는 그늘을 사랑하지 않는 사람을 사랑하지 않는다
나는 한 그루 나무의 그늘이 된 사람을 사랑한다
햇빛도 그늘이 있어야 맑고 눈이 부시다
나무 그늘에 앉아 나뭇잎 사이로 반짝이는 햇살을 바라보면
세상은 그 얼마나 아름다운가

나는 눈물이 없는 사람을 사랑하지 않는다
나는 눈물을 사랑하지 않는 사람을 사랑하지 않는다
나는 한 방울 눈물이 된 사람을 사랑한다
기쁨도 눈물이 없으면 기쁨이 아니다
사랑도 눈물 없는 사랑이 어디 있는가
나무 그늘에 앉아
다른 사람의 눈물을 닦아주는 사람의 모습은
그 얼마나 고요한 아름다움인가

정호승, 「내가 사랑하는 사람」

나는 나무 그늘 아래 호젓하게 앉아 그늘이 없는 사람을 사랑하지 않는다고, 그늘을 사랑하지 않는 사람을 사랑하지 않는다고 노래하는 시인의 시를 읽는다. 시인은 쓴다. "울지 마라/외로우니까 사람이다". 외로움이 사람을 만들지는 않지만 사람은 외로울 때 자신이 사람이라는 사실을 깨닫는다. 사람은 늘 자기 안에서 외로움이라는 체내시계가 끊이지 않고 똑딱거리는 소리를 듣는 존재다.

외로움에서 함부로 도피하지 마라. 술에 취하는 것, 폭식, 난잡하게 사람을 만나는 것은 해결책이 아니다. 모든 형태의 중독은 도피다. 외로움과 꿋꿋하게 마주 서라. 외로울 때야말로 내면을 성찰하고 존재의 자양분을 우주에서 취할 때라는 것을 기억하라. 고향으로 돌아갈 수 없다면 자기 스스로 고향이 되어야 한다. 외로움을 당신의 실존이 뿌리를 내리고 정주하는 "있음의 고토故土", 즉 이상

향으로 가꾸라. 그때 외로움은 존재에서의 소외가 아니라 자기 안의 충만, 허무와 절망에서 벗어나게 하는 동력이 될 수 있다.

사랑은
착불로 온다

택배회사 울타리
벚꽃 피고 진다
어떤 꽃잎 피어날 때
어떤 꽃잎 지고 있다
늙은 왕벚나무가
꽃들의 물류창고 같다
사랑은 언제나 착불로 온다
꽃들은 갑자기
왕벚나무를 찾아와
빈손을 벌리고,
집 없는 나는 꽃 피는
당신을 만나야 한다
꽃잎은 끊임없이
억겁의 물류창고를 빠져나가고,
사월의 허공이

태초의 발송지로

반송되는 꽃잎들로 인해

부산하다

박후기, 「꽃 택배」, 『내 귀는 거짓말을 사랑한다』, 창비, 2009

시인은 미군 부대와 기지촌이 있는 평택 변두리의 한 가난한 집 안의 막내로 태어난다. "가난한 어머니가/소파수술비만 구했어도/이 세상에 없는 아이"「채송화」였을 그는 자라서 시인이 되었다. 그의 첫 시집 『종이는 나무 유전자를 갖고 있다』에는 미군 부대 인근에서 보낸 청소년기의 체험들이 엿보인다. 이를테면 팝송과 코카콜라로 상징되는 저 미국의 대중문화가 사춘기 소년에게 끼친 정서적 영향들. "나는 지하방에서 기타를 퉁겼고,/앨리스는 담배를 피우며/베개 대신 두툼한 팝송대백과를 베고 누웠다"「옆집에 사는 앨리스」.

덧없이 죽은 형과 무덤 속에서도 빚 독촉을 받던 아버지, 그들의 부재가 드리운 그늘, 가난과 허기 속에서 보낸 어린 시절은 그에게 살아가는 일의 고단함과 우울을 알게 하고, 그의 시에 슬픈 온기를 불어넣었을 것이다. 언젠가 시인들이 모인 자리에서 그가 기타를 치며 노래 부르는 것을 본 적이 있다. 그는 기타도 잘 치고 노래도 잘 부른다. 나는 그 유쾌함과 명랑성에서 슬픈 온기를 느꼈다.

택배회사 울타리에 늙은 왕벚나무가 서 있다. 가축 전염병으로 소와 돼지 수백만 마리가 산 채로 땅속에 묻히는 아수라 속에서도 봄은 온다. 파릇한 것들이 대지의 거죽을 밀고 올라온다. 때는 봄이고, 왕벚나무 가지에 벚꽃은 피고 진다. 바람이 불 때마다 흰 벚꽃 잎들은 떨어져 내리는데, 마치 폭설을 쏟아 붓는 것만 같다. 택배회사 울타리 아래 땅에는 흰 꽃잎들이 쌓였겠다. 그 벚꽃 폭설을 물끄러미 쳐다보던 시인은 늙은 왕벚나무를 "꽃들의 물류창고"라고 상상한다. 시인은 왕벚나무 아래에 서서 언젠가 저를 떠나버린 애인을, 그 아픈 사랑의 기억을 반추한다.

아마도 그는 젊어서 모든 사랑이 과도한 열정 때문에 끝난다는 사실을 몰랐을 것이다. 사랑의 본질은 욕망의 과도함이고, 욕망의 과도함은 충족이 된 뒤에 "밋밋한 습관"으로 떨어지고 결국 종말을 부른다. 그래서 "사랑은 반드시 끝나기 마련이며, 게다가 아름다움보다 더 빨리, 따라서 자연보다 더 빨리 끝난다"니클라스 루만, 『열정으로서의 사랑』. 사랑이 크면 클수록 그 사랑은 더 빨리 종말을 향해 달려간다. 어떤 사랑은 지난 겨울에 시작되었다가 벚꽃이 질 무렵 끝난다. 사랑은 구원없는 종교! 그게 끝난다는 걸 알면서도 우리는 날마다 사랑을 향해 달려가 몸을 던져 오체투지하는 것이다.

사랑이 길어지는 것은 저항이나 방해 따위로 인해 그 충족이 한없이 지연될 때이다. 로미오와 줄리엣의 사랑은 끝나지 않는다. 사랑의 과도함이 충족으로 이어지기 전에 죽음으로써 그 사랑은 영원한 지속성을 얻었기 때문이다. 죽음이란 욕망 충족의 영원한 유예 조건이다. 결혼은 어떨까. 그것은 사랑의 유토피아가 아니라 그 반대이다. 결혼을 지속시키는 동력은 사랑이 아니라 사랑이 식어버린 뒤에도 그 사랑을 이어가야만 한다는 윤리적 당위성이다. 대개의 사랑은 끝난 뒤에 더 길게 이어진다.

사랑은 그것에 대한 추억이나 회상들 속에서만 생생해진다. 유행가와 영화에 그 많은 자양분을 대어주는 것은 지속되는 사랑이 아니라 깨진 사랑들이다. 그 많은 가수와 작곡가와 기획사들은 깨진 사랑의 마음들에 기생해서 살아간다. 많은 사랑을 다룬 유행가와 영화들은 감정 경제의 시장이 만든 파생 상품들이다. 그것들은 실연이 언젠가는 보상받으리라는 낭만적 환상들을 판다. 깨진 사랑에게서 유산을 상속받는 것은 "내 마음"이다.

나는 정류장에 서 있고,
정작 떠나보내지 못한 것은
내 마음이었다
안녕이라고 말하던
당신의 일 분이
내겐 한 시간 같았다고
말하고 싶지 않았다
생의 어느 지점에서 다시
만나게 되더라도 당신은
날 알아볼 수 없으리라

늙고 지친 사랑

이 빠진 턱 우물거리며

폐지 같은 기억들

차곡차곡 저녁 살강에 모으고 있을 것이다

하필,

지구라는 정류장에서 만나

사랑을 하고

한 시절

지지 않는 얼룩처럼

불편하게 살다가

어느 순간

울게 되었듯이,

밤의 정전 같은

이별은 그렇게

느닷없이 찾아온다

「사랑의 물리학」

"내 마음" 속에는 안녕이라고 말하고 떠난 사람이 남아 있다. 그 사랑은 깨졌고, 더는 과도함도, 충족도 불가능해진다. 우리가 할 수 있는 것은 깨진 사랑을 방부처리해서 시간에 의한 소멸을 유예시키는 것이다. 세월이 흐르면 '나'는 늙지만, 젊은 어느 시절에 정지된 사랑은 여전히 파릇한 젊음 속에서 빛난다. 늙고 지친 사랑! 그 사랑은 다시 만나게 되더라도 서로를 알아 볼 수 없게 되는 것이다.

더 정확하게 말하자면 옛날같이 사랑의 불꽃이 점화되는 일은 일어나지 않는다.

사랑을 잃은 뒤 그는 어떻게 살았을까. "나무토막 같은/청춘을 살았다"「숯가마 앞에서」. 그는 "숯으로 변한 나는/불같은 사랑을/두려워하면서도/마음 한구석/불씨를 숨기고 살아간다"「숯가마 앞에서」. 숯을 꺼낸 불가마는 비었다고 해서 금방 식지 않는다. "숯을 꺼낸 빈 가마는/여전히 뜨겁다"「숯가마 앞에서」. 사랑이 끝났다고 해서 사랑의 불길이 있던 자리가 금방 차가워지는 것은 아니다. 그것을 덥히는 것은 사랑의 기억들이다.

다시 때는 봄이다. 우연찮게 택배회사 울타리에 늙은 왕벚나무가 서 있다. 벚꽃은 만개하고, 바람이 불 때마다 꽃잎은 날린다. 「꽃택배」에서 시의 화자는 사랑을 잃고, 삭막한 청춘을 보낸 뒤 욕망의 밋밋함을 안고 살아간다. 그러다가 늙은 왕벚나무가 피운 벚꽃들을 바라보며 마음이 더워진 참이다. 더워진 마음의 한 가운데로 "사랑은 언제나 착불로 온다"는 생각이 스민다.

사랑은 착불이다. 사랑에 드는 비용은 돈으로 환산되는 비용과 돈으로 환산되지 않는 감정 비용 두 가지가 합해진 것이다. 더 큰 지출은 앞엣것보다 뒤엣것이다. 우리가 기꺼이 사랑에서 파생된 비용 지출을 감당하는 것은 사랑만이 우리를 습관의 밋밋함, 그 권태와 무의미함에서 일으켜 세우기 때문이다.

자, 보라. 사월의 시리도록 푸른 허공에는 왕벚나무 가지에서 하늘하늘 떨어져 내리는 벚꽃잎들로 분분하다. 흰 꽃잎들이 낙화하는 것은 "억겁의 물류창고"에서 "태초의 발송지로/반송되는" 중이다. 반송되는 것들의 목록은 꽤 길다. 우리의 사랑과 인연들, 그리고 생명들도 그 목록에 있다. 우리는 지금 저 "억겁의 물류창고"에 잘못 배달되었다가 다시 태초의 발송지로 반송되고 있는지도 모른다.

나는 이별을 하고, 빨래를 하고,
낮잠을 잔다

나는 기체의 형상을 하는 것들.

나는 2분간 담배연기. 3분간 수증기. 당신의 폐로 흘러가는 산소.

기쁜 마음으로 당신을 태울 거야.

당신 머리에서 연기가 피어오르는데, 알고 있었니?

당신이 혐오하는 비계가 부드럽게 타고 있는데

내장이 연통이 되는데

피가 끓고

세상의 모든 새들이 모든 안개를 거느리고 이민을 떠나는데

나는 2시간 이상씩 노래를 부르고

3시간 이상씩 빨래를 하고

2시간 이상씩 낮잠을 자고

3시간 이상씩 명상을 하고, 헛것들을 보지. 매우 아름다워.

2시간 이상씩 당신을 사랑해.

당신 머리에서 폭발한 것들을 사랑해.

새들이 큰 소리로 우는 아이들을 물고 갔어. 하염없이 빨래를
하다가 알게 돼.

내 외투가 기체가 되었어.

호주머니에서 내가 꺼낸 건 구름. 당신의 지팡이.

그렇군. 하염없이 노래를 부르다가

하염없이 낮잠을 자다가

눈을 뜰 때가 있었어.

눈과 귀가 깨끗해지는데

이별의 능력이 최대치에 이르는데

털이 빠지는데, 나는 2분간 담배연기. 3분간 수증기. 2분간 냄새가 사라지는데

나는 옷을 벗지. 저 멀리 흩어지는 옷에 대해

이웃들에 대해

손을 흔들지.

김행숙, 「이별의 능력」, 『이별의 능력』, 문학과지성사, 2007

김행숙이 태어난 1970년에 전태일은 제 몸에 석유를 붓고 분신자살을 했다. 오후 2시경이었다. 그 당시 평화시장 피복공장에서 일하는 전체 노동자들의 근로 조건은 최악이었다. 전태일은 "우리는 기계가 아니다! 일요일은 쉬게 하라!"고 외쳤다. 그해 별자리들은 불안했는데, 특히 화성과 목성과 토성들은 기묘한 부조화를 만드는

위치에 있었고, 그 빛은 흐렸다. 세 별의 부조화는 달의 인력에 영향을 미치고 그 인력의 변화로 자궁이 약한 여자들은 생리 불순이 잦아지고 우울증에 빠지곤 했다. 모든 게 순조로워 보였지만 실은 보이지 않는 곳에서 주기적 격변激變에 대한 힘들이 싹트고 있었던 것이다.

대마초에 취한 젊은이들의 시대가 곧 올 것이었다. 그해 서울에서 태어난 아이들은 대부분 텔레비전 키드들이다. 김행숙은 첫 시집 『사춘기』문학과지성사, 2003의 뒤표지에 "한때, 내가 되고 싶었던 건 투명인간이었다"고 썼다. 선일여자고등학교 복도에서 먼지가 뽀얗게 일어나는 운동장을 바라보며 투명인간이 되었으면 하는 공상을 하던 여학생은 대학교를 졸업하고 난 뒤 시인이 되었다. 이끼 낀 태양이 뜨고, 거리에서는 도를 믿는 사람들이 소맷자락을 붙잡았다. 여학생들이 치맛단을 접어 무릎을 드러낼 때 제 머릿속을 공상의 보육원이라고 상상한 선일여자고등학교 여학생 김행숙은 몇 번의 졸업식과 송별식을 거친 뒤에 시인이 되었다.

그 김행숙을 여러 사람들이 모인 곳에서 두어 번 본 적이 있다. 흠, 키가 크고 별 말이 없군. 말없음의 틈으로 나는 그의 고요한 내면을 슬쩍 엿본 듯하다. 첫 시집의 「울지 않는 아이」라는 시가 떠올랐다. "아주 조용하죠. 내 머릿속에서 훌쩍임들이 멎고 흘러나오던 콧물도 얼었어요"라고 말하는 울지 않는 아이, 그게 바로 시인의 자아일까? 울지 않는 아이는 세상의 폭력을 피하지 못하고 묵묵히 견디는 아이다.

자아에 가해지는 세상의 폭력들은 "모퉁이에서 불쑥 튀어나오는 자동차" 같다. 그걸 피할 수 없으니 자동차는 그대로 아이의 몸을 통과하고 지나간다. 울지 않는 아이는 고요가 "고요를 분할"하는 소리를 듣는 아이다. 그런 아이들은 성장해서 다 시인이 되는 것일까?

이별을 노래하는 시들은 많다. 누구나 이별을 겪으며 살기 때문에 이별을 노래하는 시들이 많은 건 당연하다. 그러나 김행숙처럼 노래하는 시인은 없다. 절대로 나뉠 수 없다고 믿는 것이 분리되는 고통은 어느 날 계엄령과 같이 갑자기 다가온다.

이별은 단절의 재앙을 선고받는 것, 많은 것들이 무로 환원하는 사건, 다시는 합일되지 않는 무와 무로 나뉘어지는 역사다. 그 액운은 당사자가 아닌 사람들에게는 마치 모래 위에 부러진 손톱 같이 아무렇지도 않다. "백사장 위에 부러진 손톱들./아무도 이어줄 수 없는 무와 무"T. S. 엘리엇. 대부분의 이별은 저격수와 같이 우리 심장을 쏜다.

사람들은 이별의 총알을 맞고 쓰러진다. 금기들이 생기고 몸과 마음은 금기들이 만드는 감옥에 갇힌다. 이별한다는 것은 벽없는 감옥에 갇혀 수인囚人이 되는 것이다. 이별의 능력이란 먼저 이별할 수 있는 능력이고, 다음은 그 후유증을 견디는 능력이고, 마침내 자아를 살육하는 부재와 고요히 다가오는 심장마비를 극복하는 능력이다.

그러나 김행숙은 이별을 마치 즐거운 유희라도 되는 것처럼 쓴

다. 이별을 감당하는 처지에 놓인 시적 화자는 스스로를 담배연기, 수증기, 산소라고 말한다. 이별을 겪어내는 시의 화자에게는 어디에도 심각한 구석이 보이지 않는다. 이별의 아픔, 이별의 슬픔들을 "기체의 형상을 하는 것들"에 실어버린다. 그것들은 손에 잡히지 않고 곧 공중에서 사라져버린다. 혼자 사라지지는 않는다. "기쁜 마음으로 당신을 태울 거야"라고 말한다. 이 시적 어조의 경쾌함과 명랑함이라니! 복수조차 명랑한 일에 속하는 것처럼 말한다. 시적 화자가 겪는 이별은 명랑한 이별이다. 그래서 마치 세상의 모든 이별이 명랑한 것인 양 오해될 수도 있겠다.

이별 뒤에 당신은 한 순간의 환각이 만든 헛것에 지나지 않는다. '나'는 이별을 하고 빨래를 하고 당신을 담배처럼 태운다. 당신은 "비계가 부드럽게 타고", "피가 끓고", "내장이 연통이 되"고, 마침내 "당신 머리에서 연기가 피어오"른다. 당신을 태우는 것은 당신을 식도로 삼키는 것과 마찬가지다. '내'가 삼켜버린 당신의 존재감은 어디에도 없다. '나'는 어디에도 존재감이 없는 당신과, 당신의 흔적들을 굳이 잊으려고 노력할 필요도 없다. 왜냐하면 당신은 이미 무로 돌아가고, 아무것도 아닌 것이 되었기 때문이다. 당신이 이미 무로 환원해버렸기 때문에 '나'는 "2시간씩 당신을 사랑"하고, "당신 머리에서 폭발한 것들을 사랑"할 수 있다.

'나'는 노래를 부르고, 빨래를 하고, 낮잠을 자고, 명상을 하고, 헛것을 본다. 그 시간들을 주목하자. "2시간 이상씩 노래를 부르고”, “3시간 이상씩 빨래를 하고”, “2시간 이상씩 낮잠을 자고”, “3시간 이상씩 명상을 하고”, 그리고 이윽고 “헛것”을 본다. 그것들은 이별의 감옥에서 필사적으로 도주하기다. 시의 화자는 웃고 있지만 실은 속으로 울고 있다. 노래를 하고, 빨래를 하고, 낮잠을 자고, 명상을 하는 동안은 이별의 고통에 대한 면죄부를 받는 시간이다. 이 시적 어조의 명랑성 아래에는 침묵의 울부짖음과 슬픔의 십이지장과 이별의 저격을 받고 죽은 마음의 시체들이 숨어 있다.

　이별은 마음의 씨앗들을 짓이겨버린다. 차라리 씨앗들이 짓이겨진 뒤에는 유태인 600만 명이 사라진 제2차 세계대전 뒤에 태어난 베를린의 소년들처럼 천진난만할 수가 있다. 1920년에 태어난 파울 첼란은 유대계 독일시인이다. 제2차 세계대전 당시 그는 유대인이라는 이유로 체포되어 아우슈비츠 강제수용소로 끌려갔다. 그의 아버지와 어머니는 수용소에서 죽었지만 그는 끔찍한 수용소에서 시를 썼고, 꿋꿋하게 살아남았다. 이 생존자는 겉보기로는 멀쩡했지만 내부는 트라우마와 죄의식으로 무너지고 있었다. 그는 살아 있되 이미 죽은 사람이었다. 1970년 4월 19일, 그는 파리의 세느강에서 투신했다. 투신하기 이전에 이미 ‘죽은’ 사람이었던 파울 첼란은 죽은 마음의 시체를 안고 있는 김행숙의 시적 화자와 하나로 겹쳐진다. 시적 화자는 “하염없이 노래를 부르다가/하염없이 낮잠을 자다가” 문득 눈을 뜬다. “눈을 뜰 때가 있었어”라는 구절은 ‘나’의 슬픔을 보여준다. 그러니까 내내 눈을 감고 노래를 부르고 낮잠을 자고 있었다는 뜻이다.

눈을 뜬다는 것은 이별의 슬픔에 대해 눈을 뜬다는 것이다. 그때 "이별의 능력이 최대치에 이르는데" 그러면 시적 화자는 더욱 사랑스럽고 모호해진다. 그리하여 삶의 인습에 묶인 제 존재를 아무렇지도 않게 익명성 속에 숨긴다. 담배연기, 수증기, 냄새들이 공중에 섞이는 것처럼. "우리는 아픔없이 잘게 부서질 수 있습니다. 우리는 잘 섞일 수 있습니다. 만두의 세계는 무궁무진합니다."「초대장」 만두는 이것저것들이 잘게 부서져 뒤섞여 만든 익명의 세계다. 개별성을 지워버린 만두의 세계는 무궁무진하다. 당신은 무궁무진한 만두의 세계 속으로 흘러가버렸다. 이별을 겪고도 씩씩함을 잃지 않은 시적 화자는 이웃들을 향해 가볍게 손을 흔든다.

다시 연애하게 되면
그땐,

———

다시 연애하게 되면 그땐

술집 여자하고나 눈 맞아야지

함석 간판 아래 쪼그려 앉아

빗물로 동그라미 그리는 여자와

어디로도 함부로 팔려 가지 않는 여자와

애인 생겨도 전화번호 바꾸지 않는 여자와

나이롱 커튼 같은 헝겊으로 원피스 차려입은 여자와

현실도 미래도 종말도 아무런 희망 아닌 여자와

외항선 타고 밀항한 남자 따위 기다리지 않는 여자와

가끔은 목욕 바구니 들고 조조영화 보러 가는 여자와

비 오는 날 가면 문 닫아 걸고

밤새 말없이 술 마셔주는 여자와

유행가라곤 심수봉밖에 모르는 여자와

취해도 울지 않는 여자와

왜냐고 묻지 않는 여자와

아,

다시 연애하게 되면 그땐

저문 술집 여자하고나 눈 맞아야지
사랑 같은 거 믿지 않는 여자와
그러나 꽃이 피면 꽃 피었다고
낮술 마시는 여자와
독하게 눈 맞아서
저물도록 몸 버려야지
돌아오지 말아야지

류근, 「반가사유」, 『상처적 체질』, 문학과지성사, 2010

시집에 따르면 시인은 술꾼이다. "사람을 만나면 술을 마셨다/술자리가 끝나기 전까지는/떠나지 않으리라는 기대 때문이었다"「극지(極地)」 "낮은 여름이고 밤부터 가을이었는데/여름부터 취해 있던 내가 가을 술집에 앉아/또 술을 마시고 있었던 것입지"「낮은 여름이고 밤부터 가을」, "억울하다 술 마실 때에만 불쑥 자라나는 인생이여"「머나면 술집」와 같은 술꾼의 자부심이 잔뜩 묻어나는 시구를 보면 시인은 술꾼으로서 남부럽지 않은 많은 일탈과 위반의 스펙들을 쌓아온 것으로 보인다.

시집을 찬찬히 들여다보면, 술 마시는 곡절은 대개는 '연애'와 상관이 있다. 그 흘러넘치는 술들 안팎으로 지독한 '연애'가 배치되어 있다. 그 '연애'의 진폭은 눈썹 한끝에 어린 꽃나무들을 데려다

준 첫사랑에서 너무 아픈 사랑은 사랑이 아니라는 이유로 일방적으로 버림받아 너무 아픈 실연의 사랑까지 꽤 넓고 다양하다.

류근의 「반가사유」를 읽는 일은 씁쓸하고 아릿하다. 그건 끝난 사랑의 후일담에 따르기 마련인 씁쓸한 긴 여운을 머금은 까닭이고, 그것을 이루는 성분적 요소들이 결핍과 실패이기 때문이다. "다시 연애하게 뇌면 그땐/술집 여자하고나 눈 맞아야지"라는 구절에서 '다시'라는 부사를 주목한다. '다시'는 그 어휘의 문법적 쓰임인 계기적 시간을 잇는 운동성보다는 그것의 소진에 따른 단절의 의미를 더 많이 품고 있다. 시의 화자는 '다시' 앞에서 더는 앞으로 나아가지 못한 채 주저앉는다. '다시'는 계기적 시간으로 나아가려는 화자의 안쓰러운 몸짓을 가리키지만, 실천적 행동으로서의 그것을 견인하지는 못한다. 이 시에서 '다시'라는 부사가 존재의 이행과 변화라는 애초의 제 뜻을 감당하기란 버겁다.

하지만 '다시'는 제 뜻을 감당하지 못함으로 그 의미화에 닿는다. '다시'는 존재의 이행보다는 앞의 연애가 끝나버렸다는 것, 그 연애는 회고라는 형식에서만 유효함을 보여준다. 그 뒤를 잇는 여러 시구들은 다시 사랑할 여자의 조건들에 대해서 늘어놓는다. 애인 생겨도 전화번호 바꾸지 않는 여자, 외항선 타고 밀항한 남자 따위 기다리지 않는 여자, 가끔은 목욕 바구니 들고 조조영화 보러 가는 여자, 유행가라곤 심수봉밖에 모르는 여자…… 따위가 바로 그것이다. 범박한 세속성과 청승스러움을 나타내는 이 조건들은 앞서 떠난 여자가 갖지 못한 것이리라. 만일 앞선 여자가 그 조건들을 충족

시켰다면 그 연애는 끝나지 않았을 것이기 때문이다.

류근의 상상세계에서 여자는 사랑 앞에서 앞뒤를 재고 늘 멈칫거리거나 망설인다. 왜일까? 사랑을 믿지 못하기 때문이다. 그러나 '나'는 사랑 앞에서 간절함으로 목을 매고 그래서 그 사랑은 늘 뜨겁고 아프다. 여자는 그 사랑이 너무 아프다고, 아픈 것은 진짜 사랑이 아니라고 떠난다. 그런 여자 앞에서 시인은 다음과 같이 말할 뿐이다. "여자여, 너무 아픈 사랑도 세상에는 없고/사랑이 아닌 사랑도 세상에는 없는 것/다만 사랑만이 제 힘으로 사랑을 살아내는 것이어서/사랑에 어찌 앞뒤로 짐을 지을 세간이 있겠느냐"「너무 아픈 사랑」 사랑은 제 힘으로 사랑을 살아내는 것이지만, 사랑이 지속되려면 거꾸로 사랑 아닌 그 무엇의 떠받드는 힘이 필요하다. 사랑은 절대로 저 혼자서 그것을 지속시킬 동력을 만들지 못하는 까닭이다.

사랑만으로 사랑을 하는 것은 그 사랑이 곧 끝나리라는 예고일 따름이다. 그래서 "슬퍼 말아요, 어차피 우리들의 연애는/불친절한 예언이었을 뿐이니까요."「친절한 연애」라는 시구는 불친절한 예언이 곧 사랑의 실천적 양태임을 말한다. 사랑만으로 사랑을 살아내겠다는 연인들의 약속은 찬란한 순수성으로 반짝거리지만 그 뒤에 숨은 함의는 사랑을 끝내겠다는 불친절한 예언이다. 방금 사랑에 빠진 모든 연인들은 한결같이 사랑이 시작과 함께 끝을 향해 달려간다는 실체적 진실에 눈감는다.

"사랑 같은 거 믿지 않는 여자와/그러나 꽃이 피면 꽃 피었다고/

낮술 마시는 여자와/독하게 눈 맞아서/저물도록 몸 버려야지/돌아오지 말아야지"라는 시구에는 새로운 사랑에 대한 희구가 아니라 이미 끝난 사랑에 대한 회한이 더 짙게 배어난다. 이 시구들은 메아리가 없는 혼잣말이다. 화답이 없는 독백은 '내'가 떠나간 사랑과 다시 올 사랑 사이에 혼자 있음의 증거이다. 저물도록 몸 버려야지, 혹은 돌아오지 말아야지, 따위의 가정법은 역설적으로 아직 사랑이 회임되지 않았음을, 새로운 사랑이 찾아올 가능성이 희박함을 드러낸다. 결국 '나'는 버림받고 홀로 남아 '독작獨酌'을 하며, 여기는 "내가 사랑하기에 어울리지 않는 곳,"「위독한 사랑의 찬가」이라는 타자의 궁시렁거림을 자기 것으로 편취한다. 혼자 술 마시기는 사랑의 동시적 주체인 '나'의 일방적 소외에서 빚어진 슬픔과 아픔에서 벗어나려는 가장 쉬운 자기 망각/위로의 한 방식이다.

끝난 사랑은 떠나고 혼자 남은 자에게 그리움과 상처를 내려놓는다. 왜일까? "당신의 처음인 냄새를 나는 늘 마지막으로 간직할 뿐이어서 처음과 마지막이 한몸으로 비틀리는 자세의 닿을 수 없는 냄새를 영원히 당신 것으로 기억한다 내게 다녀간 그 숱한 것들 가운데 당신밖에 나를 이 끝까지 데려다 놓은 처음은 없다"「당신의 처음인 마지막 냄새의 자세」라는 모호한 구절은 그 상처의 원인이 잃어버린 처음(당신)은 언제나 영구적으로 회복 불가능한 '나'의 마지막이 되기 때문이라고 말한다. 당신은 '나'를 '당신의 처음인 냄새'에서 분리시켜 그것이 휘발되어버린, 즉 그것을 영원한 상실의 자리에 데려다놓는 존재다. 그런 맥락에서 당신은 '나'의 사랑이면서 동시에 '나'에게서 사랑을 앗아가는 존재라는, 즉 사랑을 주었다가 사랑을 빼앗는 모순된 이중성의 행위자라는 함의를 갖는다.

　"모든 지나간 사랑은 내 생애에/진실로 나를 찾아온 사랑 아니었다고 말해"「독백」버리는 것은 진실이 아니다. '나'에게 왔다가 지나간 사랑들은 사실은 진실로 '나'를 찾아왔던 사랑들이다. 다만 그 사랑들이 '나'에게서 사라져 없을 뿐이다. 사랑은 사라지고 그 뒤에 그것에 소외된 취객이 하나 남을 뿐이다. 그러므로 "상처는 나의 체질"「상처적 체질」이라고 중얼거리는 취객이 있다면, 그는 분명 실연자일 것임에 틀림없으니 그냥 지나치지 말고 그를 붙잡아 술집으로 끌고 들어가 한 잔 더 마실 일이다.

잃어버린 '나'에게로의
초대

잔디는 그냥 밟고 마당으로 들어오세요 얼쇠는 현관문 손잡이 위쪽

담쟁이넝쿨로 덮인 돌벽 틈새를 더듬어 보시구요 키를 꽂기 전 조그맣게 노크하셔야 합니다 적막이 옷매무새라도 고치고 마중 나올 수 있게

대접할 만 한 건 없지만 벽난로 옆을 보면

오랫동안 사용하지 않은 장작이 보일 거예요 그 옆에는

낡았지만 아주 오래된 흔들의자

찬장에는 옛 그리스 문양이 새겨진 그릇들

달빛과 모기와 먼지들이 소찬을 벌인 지도 오래 되었답니다

방마다 문을, 커튼을, 창을 활짝 열어젖히고

쉬세요 쉬세요 쉬세요 이 집에서는 바람에 날려 온 가랑잎도 손님이랍니다

많은 집에 초대를 해 봤지만 나는

문간에 서 있는 나를

하인下人처럼 정중하게 마중 나가는 것이다

안녕하세요 안으로 들어오십시오

그 무거운 머리는 이리 주시고요

그 헐벗은 두 손도

조정권, 「고요로의 초대」, 『고요로의 초대』, 민음사, 2011

자, 어느 날 고요로의 초대장을 받았다고 하자. 고요가 사는 집 마당에는 잔디가 깔려 있고, 돌벽은 담쟁이넝쿨로 덮여 있다. 우리는 문앞에서 인기척을 내야 한다. 그래야만 거기 사는 적막이 옷 매무새라도 만지고 우리를 마중 나올 수 있기 때문이다. 고요는 옛날이다. 옛날 속의 스러짐이다. 고요가 지나간 자리는 황폐하다. 그 폐허 속에서 달빛과 모기와 먼지들이 소찬을 벌이기도 한다. 고요에 초대받는다면, 우리는 무거운 머리와 헐벗은 두 손은 고요에 맡겨도 좋으리라.

소음은 문명과 인위의 산물이지만, 고요는 자연의 선물이다. 소음은 악몽을 낳고 고요는 평화로운 마음을 낳는다. 소음 공장지대인 도시에 견줄 때 산골은 바위와 나무들의 은둔지이고 물소리와 바람소리의 서식지이다. 문태준은 고요를 "족제비가 뒤를 돌아가는 소리도 들릴 만하게 조용하고 무섭고"「추운 옆 생각」라고 구체적 실감을 부여하지만, 조정권은 단지 고요의 서식지를 보여준다.

사람이 살지 않는 공간은 고요가 깃들 수 있는 최적의 장소다.

그 고요의 서식지에는 오랫동안 쓰지 않은 벽난로, 장작들, 흔들의자, 부엌과 찬장, 그릇들…… 따위가 있다. 사람이 살지 않는 대신에 이 공간에는 달빛과 모기와 먼지들이 가끔씩 고요의 소찬을 벌인다. 어느 날 시의 화자는 이 고요로의 초대를 받는다. 이 초대를 받아 "문간에 서 있는 나"를 "하인처럼 정중하게 마중나"간 건 다름아닌 바로 '나'다. '나'는 고요의 서식지에 초대된 주인공이고, 동시에 초대의 주체다. 내가 고요의 객체이며 동시에 주체라는 암시다.

고요는 욕망을 비운 뒤에야 비로소 가능하다. 마음이 번잡하고 욕심으로 차 있으면 고요는 들어서지 못한다. 욕망을 비운 마음자리에 그윽하게 서리는 게 바로 고요다. 고요는 감흥도, 파토스도 아니다. 고요는 사물들 사이의 평화고 질서고 리듬이다. 다른 한편으로 고요는 혼란의 살해이고 무질서의 파괴이며 견고한 강령들의 해체이다. 그런 까닭에 사람은 삶에의 의지가 아니라 고요에의 의지로 더 고결해질 수 있다.

아무래도 고요와 고집은 친족이거나 이웃사촌이다. "고통과 대화를 하고/오랜 시간을 나눠도/고집을 꺾지 못했다 // 고집은 혼자 사신다. // 거식拒食하고 계신다. // 아무래도 나는 저 지독한 고집을/노인네처럼 강가에 혼자 버려두고 온 것 같다"「장벽」. 고요가 그렇듯 고집도 떠들썩한 것보다는 독거獨居 취향이 짙다. 고요가 스스로 욕망을 비움으로써 고요에 닿듯 고집 역시 거식으로써 제 안을 비운다. 비우고 혼자 꼿꼿하게 서려는 고요와 고집의 이 독거 본성은 꺾기 힘들다.

고요해진 뒤에 비로소 보게 되고, 보게 되어야만 사랑할 수 있다. 바라봄은 고요의 촉수들이 이 세계를 향해 내미는 수줍은 초대장이다. 사랑은 시끄러움이 아니라 마음의 고요 속에서 싹튼다. 차라리 사랑은 고요가 일으키는 시끄러운 사건이다.

대개 정치는 시끄럽다. 고요가 단순함에서 발현된다면 정치는 복잡함의 소산이다. 아울러 정치는 맞섬이고 다툼이고 물어뜯음이다. 노자는 "맑고 고요한 것이 천하의 바름이다"『도덕경』 제45장라고 했다. 정치가 있는 곳이 늘 시끄러운 것은 정치가 애초부터 바름을 배제하기 때문이다. 바름이 없는 곳에 다툼이 잦고, 다툼이 잦은 곳에서는 욕망과 분노와 교만이 활개를 친다.

노자는 가장 좋은 정치는 그런 것이 있는 줄조차 모르는 것이라고 말한다. 정말 태평한 시대에는 군주의 존재 자체를 잊고 산다. 무위이치無爲而治, 즉 무위의 정치를 펴기 때문이다. 무위의 정치는 비가 내려 마른 땅을 적시고, 햇빛이 내려 식물에 골고루 자양분을 주듯 한다. 그것은 늘 있으면서 없는 듯하다. 이게 바른 정치다. 정치에 바름이 없으니까 세상이 시끄럽다. 차라리 정치란 고요에서 달아나기고, 고요의 집어삼킴이기 때문이다.

고요는 내적 혁명의 단초다. 왜 이런 사태가 벌어지는가? 고요가 내면의 동력학에서 만들어진 능동 가치이기 때문이다. 아무것도 하지 않는 자, 가만히 있는 자에게 고요는 다가오지 않는다. 고요는 능동의 산물이다. 고요한 자가 가장 혁명적이다. "고요 속에서 우리는 부단히 묻고 절망 속에 꿈꾸면서 변모되어간다. 꿈꾸는 자의 집은 고요이고, 그가 움직이는 방식은 성찰이다. 홀로 있는 고요함이 존재의 결핍을, 현존의 누락을 살펴 묻게 하는 것이다. 충일에 대한 자족이 아니라 결핍에 대한 이 절망적인 물음으로 하여 고요는 꿈꾸는 자의 실천적 에너지로 빛난다. 결핍에 대한 고요 속의 물음이 충일한 존재의 빛을, 그 빛에의 그리움을 불러일으킨다. 고요 속에서 묻는 한, 존재는 언젠가는 그리고 어떤 방식으로든 삶 전체의 충일적 질서를 경험할 수 있을 것이다"문광훈, 『숨은 조화』. 고요는 마음의 실천으로 이어질 때 제 존재를 파릇하게 드러내며 빛난다. 고요는 마음의 가능성을 열고, 실천의 계시啓示로 나아가며, 아직 아무것도 아님을 됨으로 갱신의 눈부심에 이르게 한다.

고요는 욕심의 비움, 혹은 가난의 산물이기도 하다. 가난은 가진 것들이 적고 소박한 살림에 바탕을 둔다. 그런 까닭에 가난은 필연적으로 욕망을 줄이고 정화하는 장치이기도 하다. "2006년 3월/파리 남동쪽 70킬로미터/시골 마을 바르비종/쇠스랑을 든 채/저물어가는 들녘을 배경으로 부부가/흙 속에 누워 있는 나를/물끄러미 내려다보고 있다./이 가난은 종교적 상태의 고요를 준다./하루 일과를 일생처럼 아직 마치지 못한 내게"「가난함」 가난은 가장 숭고한 형식의 고요를 불러온다. 시인은 그것을 "종교적 상태의 고요"라고 명명한다. 고요의 시공에로 발길을 들여놓는 순간, 우리는 고요에 빙의된다.

언젠가 자작나무 숲에 들어간 적이 있다. 나는 거기에 깃들어 있는 고요의 청정함에 깊은 감동을 받았다. 그때 고요는 진리고 청정함이고 마음의 본원이다. 얕은 계곡의 돌 틈을 흐르는 물과 나무들 사이를 불어가는 바람은 이곳이 고요의 요람지라는 걸 말해준다. 고요는 소리의 부재 상태를 가리키는 게 아니라 소리와 자아 사이에 평화와 조화를 느끼게 하는 매개물이다. 시인은 빈 것에서 성스러움을 본다. "한 번 쓰고 버려지는 저 포장지가 성체聖體아닌가./ 저 빈 바구니가 성소聖所가 아닌가"「꽃을 전해 주는 스무 가지 방법 중에서 하나」. 고요는 비어 있는 것이기에 성스럽다.

「고요로의 초대」는 고요의 파릇함을 엿보게 하고, 고요가 존재를 정화시키는 성소라는 걸 일깨워준다. 아울러 고요로의 초대가 잃어버린 '나'를 찾고 본원의 '나'에게로 인도하는 초대라는 사실도.

가장 아름다운 사랑도
약간은 쓰다

———————

고양이가 돌아오는 서녁,

입안의 비린내를 헹궈내고
달이 솟아오르는 창가
그의 옆에 앉는다

이미 궁기는 감춰두었건만
손을 핥고
연신 등을 부벼대는
이 마음의 비린내를 어쩐다?

나는 처마 끝 달의 찬장을 열고
맑게 씻은
접시 하나 꺼낸다

오늘 저녁엔 내어줄 게
아무것도 없구나

여기 이 희고 둥근 것이나 핥아보렴

송찬호, 「고양이가 돌아오는 저녁」, 『고양이가 돌아오는 저녁』, 문학과지성사, 2009

「고양이가 돌아오는 저녁」은 감각적 이미지가 돋보이는 시다. 달과 고양이를 한 줄에 엮다니! 달이 뜨자 고양이는 돌아온다. 달과 고양이의 행위는 공교롭게 동시적으로 이루어진다. 그러나 공교로울 것도 없는 사건이다. 진실은 이렇다. 달은 하늘의 고양이, 고양이는 변신한 집 안의 달이다. 둘 사이에 아무런 피의 연대는 없지만 둘은 이복형제처럼 엮인다. 달은 수시로 모양이 바뀐다. 하현 때 야위고 보름 때 둥글어진다. 야생의 부름에 고양이는 자주 집을 나간다. 무단가출했다가 어느 날 불쑥 돌아온다. 고양이는 여자의 내면 표상이고, 달은 여자의 드러난 외면이다. 그 둘은 변심하기 쉬운 여자의 상징이다.

달은 차고 일그러지고, 파도는 오고 감을 되풀이한다. 여자는 그런 달이고 파도다. 여자는 항상 영혼의 가장 위험한 상태다. 여자들의 내면에는 고양이들이 한 마리씩 들어 있다. 남자들은 한 생애 동안 얼마나 많은 고양이들을 만나는 걸까. 고양이들은 "어둠과 추위로부터 쫓겨온 무리"고, 이 고양이는 깜찍하게 "한때는 방 안을 뒹굴던 털실 몽상가와 잘도 놀았답니다/현기증 나는 속도의 바퀴와 아찔한 연애도 해봤구요"「고양이」라고 말한다. 이 세상의 모든 남자들은 파멸을 감수하면서 이 변심 잘하는 고양이에게 제 모든 것을 걸고 연애에 투신한다.

고양이는 바람의 딸이다. 늘 모든 것은 갑자기 사라진다. "앗, 잠시 한눈을 파는 사이 방 안 모서리, 손거울, 집 열쇠, 어항의 물고기가 사라지고 없어요/다그쳐 물어도 종알종알 털만 핥을 뿐 모른다 도리질만 하네요"「고양이」, 다그쳐 물어도 모른다 모른다 도리질만 하는 이 고양이를 사랑하는 건 수컷들의 가혹한 운명이다. 이 가혹한 운명에 들린 수컷들이 할 수 있는 건 무얼까. 니체는 이렇게 적는다. "추억이 고름이 되어 아침마다 침대를 더럽힐 때 그는 지나간 삶을 원망하게 된다." 송찬호 시인은 이렇게 적는다.

"달이 해를 가리고 지나가는 그 짧은 순간, 나는 늑대 속으로 뛰어들고 싶었다 복면을 하고/은행원들을 개처럼 바닥에 엎드리게 하고/불이야, 소방차가 불난 꽃집으로 달려가게 하고/유명한 불륜 남녀를 맨홀 속으로 내려가 사라지게 하고/앵무새가 되어 엽기적 살인 사건의 배후로 등장하고 싶었다"「일식」. 그러나 그러질 못한다.

"세상은 아무 일도 없다는 듯 도시는 다시 환해졌다/웅덩이의 물이 바지에 튀지 않도록 조심하면서 나는 횡단보도를 건넜다/나는 오랫동안 다른 이름으로 살기를 원했다"「일식」. 겨우 웅덩이 물이 바지에 튀지 않도록 조심하며 걷고, 오랫동안 다른 이름으로 살기를 원할 따름이다. 그런 남자들에게 괴테는 이렇게 말한다. "이런 꼴로 살아간다는 것은 개라도 비웃을 일이다!"

달이 뜨고 고양이가 돌아온 이때는 궁기가 사무치는 저녁이다.

변덕스럽고 제멋대로 굴던 고양이는 이제 다정하다. 집 나갔던 여자가 돌아온 것일까? "손을 핥고/연신 등을 부벼"댄다. 고양이는 사랑을 갈구하며 '나'를 애무한다. 애무는 정사의 전 단계다. 그러나 '나'는 식물성이므로 고양이의 적극적 구애 행동에도 발기가 일어나지 않는다. 발기가 없는 육체에게 섹스의 달콤하고 넘치는 쾌락도 없다. 이 저녁은 금욕주의로 일관한다. 이 다정한 고양이에게 '나'는 줄 게 없다. 그래서 겨우 할 수 있는 게 "처마 끝 달의 찬장을 열고/맑게 씻은/접시 하나 꺼"내는 일이다.

오늘 저녁엔 내어줄 게
아무것도 없구나

라고 말하는 이 저녁은 잔인한 저녁이다. 가난은 우리의 마음에서 비롯한다. 여자들은 다시 돌아오지만 이미 헐벗고 가난한 남자는 여자에게 줄 것이 남아 있지 않다. 서로의 마음이 엇갈린다. 엇갈리는 두 마음 사이로 차고 축축한 달빛이 흐른다. 여자는 다이아몬드를 원했으나, '나'는 숯을 주었다.

니체는 숯과 다이아몬드는 '동족'인데, 이토록 다른 '동족'이라고 말한다. 그러므로 "가장 아름다운 사랑도 약간은 쓰다."니체 이 하염없는 사랑의 시라니! 가난한 연인은 배고픈 제 애인에게 빈 접시를 주고 이것이나 핥아보렴, 하는 수밖에 없다.

송찬호는 여자/고양이를 발명한다. 그 여자/고양이와의 사랑이 하염없음을 노래한다. 이 지구 위에서 사랑은 그 하염없음 때문에 멸종하지는 않을 것이다. "돌로 찧은 여뀌즙 사랑은 여전히 물고기 눈을 찌르고 갈라진 시멘트 틈에서라도 아이들은 분수처럼 솟고 그대의 어미들은 천 일의 밤을 팔아 아침 한때를 맞이하리니"「사과」. 이 세상에 사랑이란 사랑은 다 말라비틀어져서, 더는 새로 태어나는 아기의 울음소리가 들려오지 않을까, 그리고 새 아침이 영원히 오지 않을까, 염려하지 않아도 되겠다.

여자들은, 이미,
　　　젊지 않다

———————

나잇값만큼 깊어지는 여자의 우울과
우울을 모독하고 싶은 악의 때문에

창문 꼭꼭 닫아둔 여자의 베란다에선
여린 식물들부터 차례대로 말라 죽기 시작했다
볕이 너무 좋았으므로 식물들은
과식을 하고 배가 터져 죽게 된 것이다

악의를 그럴듯하게 포장하는
여자의 노련함 때문에
한 개의 꼬리가 아홉 개의 꼬리로 둔갑한다
꼬리를 감추기 위해 여자는
그림자의 머리끄덩이를 잡아챈다
아스팔트에 내동댕이를 친다

자기 기억을 비워내기 위해
심장을 꺼내어 말리는 오후

자기 슬픔을 비워내기 위해
배를 가르고 내장을 꺼내 헹구는 오후

여자는 혼잣말을 한다
왜 나는 기억이나 슬픔 같은 것으로도 살이 찌나
왜 나의 방은 추억에 불만 켜도 홍등가가 되나

늙어가는 몸 때문이 아니라
나이만큼 무한 증식하는 추억 때문에
여자의 심장이 비만증에 걸린 오후
드디어 여자는 코끼리로 진화했음을 안다

진화에 대해서라면 여자도 할 말이 있었다
한때 여자도 텅 빈 육체로 가볍게 나는
작고 작은 새 한 마리였으므로

이제 여자는 과거에 대해서만
겨우 할 말이 있을 뿐이다

김소연, 「고통을 발명하다」, 『눈물이라는 뼈』, 문학과지성사, 2009

김소연의 시집 『눈물이라는 뼈』와 엘렌 식수의 책 『메두사의 웃음』을 나란히 놓고 읽는다. 김소연은 여자에 대하여 쓴다. 여자의 우울과 악의에 대해서. 남자가 아니라는 이유로 내쳐진 '바깥'에서, '죽음'으로 응고된 운명에서 돌아와서, 즉 "매번 모든 것에 대해 유죄"_{엘렌 식수, 앞의 글}인 상태에서 돌아와서 시를 쓴다. "사람들은 여성의 육체를 광장의 불안스런 이방인, 환자 혹은 죽음으로 만들어버렸다. 여성의 육체는 흔히 품행이 나쁜 동반자, 억압의 원인이며 장소였다"_{엘렌 식수, 앞의 글.}

여자들은 변방에서 돌아온다. 그러나 귀환은 미완인 채 끝난다. 여자들의 삶은 중심에 이르지 못하고 바깥으로 미끄러진다. 남성이 해, 문화, 낮, 지적인 것, 로고스, 형태, 씨앗이라면 여성은 달, 자연, 밤, 감정적인 것, 파토스, 물질, 땅이다. 여자는 남자들이 만든 광장을 떠도는 이방인이자 환자다. 여자는 배척당한 다른 것, 지배당하는 식민지, 의식 안에서 억압받는 그림자다. 여자는 그 자체로 금지된 자기 몸 안에 그림자를 품는다. 여자는 자기 안의 그림자를 끌어내 징벌한다.

이때 그림자는 자아의 일부이면서 자아에 편입되기를 거부당한 또 다른 자아다. "꼬리를 감추기 위해 여자는/그림자의 머리끄덩이를 잡아챈다/아스팔트에 내동댕이를 친다"는 구절은 물론 표면적으로는 여자로 나이 들며 사는 삶이 녹록치 않음을 보여주는 대목이지만, 더 깊이보자면, 여성 스스로 행하는 자기에게 벌주기, 여성 살해의 무의식적인 흔적이다. 여성적 글쓰기는 해와 낮의 일들이 아니라 달과 밤의 이야기를 쓰는 것, 즉 이성의 역사가 고의적으로 누락시킨 무의식의 서사를 쓰는 것이다.

여성으로 살아남았다 해도 상흔은 내부에 있다. "여자는 혼잣말을 한다/왜 나는 기억이나 슬픔 같은 것으로도 살이 찌나/왜 나의 방은 추억에 불만 켜도 홍등가가 되나"라는 구절에는 추방되고 배제된 자의 상흔이 엿보인다. 딸로 태어나지만 세월이 가면서 타자에 의해서 어느덧 나이든 '여자'로 발명된다. 여자는 제도와 규범들이 촘촘하게 만든 멍에와 검열들 때문에, 자주 여자 아닌 그 무엇으로 "둔갑"한다.

여자는 전설 속에서 "아홉 개의 꼬리가 달린" 여우로 "둔갑"한다. 여자는 무한증식하는 추억을 먹고 점점 더 뚱뚱해진다. 한때 가벼운 작은 새였던 여자는 기억과 추억을 꾸역꾸역 몸으로 밀어 넣으며 코끼리로 진화하는 것이다. 코끼리로 진화한 여자들은 때때로 '아줌마'라는 새로운 생물학적 학명을 얻는다. 이 여자는 스스로의 딸이면서 어머니이고, 자매들의 연대이다.

"엄마는 딸에게 거울이 되어주었지만/거울은 원하는 표정만을 비추는 공범자를 자처했다"「경대와 창문」에 따르면 딸–어머니는 서로를 비추는 거울이면서, 동시에 서로가 원하는 표정만을 비추는 공범자다.

엘렌 식수는 여성이 날아가는 존재라는 것을 밝혀낸다. 엘렌 식수는 날아간다는 것에 대해 "여성의 동작이다. 언어 속에서 날고, 언어를 날아가게 하고, 수 세기 이전부터 우리 여자들은 모두 비상에 대해서 많은 기법의 기술의 배웠다"고 말한다. 여성은 무의식에서 날면서-훔치면서 살아간다. 여성억압적 세계 안에서 살기 위한 불가피한 선택이다. 새가 공중을 날기 위해 제 뼛속을 비우듯 여성도 날기 위해 저를 텅 비운다. 아마도 그런 맥락에서 여성은 새와 도둑이라는 은유가 나왔을 것이다.

여자는 심장을 꺼내 말리고, 배를 갈라 내장을 꺼내 헹군다. 김소연의 여자들은, 이미, 젊지 않다. "육포처럼 말라버린 엄마의 발목을 만지며/내 생이 그녀의 생을 다 먹어버린 건 아닌지/속이 더부룩하고 신트림이 난다"「경대와 창문」. 날마다 신트림을 하면서 엄마의 생을 고갈시킨 것은 자신이 아닐지 반성하면서 그 반성 위에 나이 들고 있다는 저의 자각을 겹쳐보는 것이다.

여성성과 나이듦에 대한 자의식이 유난하게 자주 드러나 있는 『눈물이라는 뼈』는 시인이 마흔 줄에 접어들면서 낸 시집이다. 정확하게는 마흔두 살에 낸 시집이다.

바람을 간호하던 암늑대의 긴 혓바닥이 나뭇가지처럼 딱딱해질 때, 비로소 아이는 늑대의 섭생을 이해하는 한 그루 어른이 되는 거래. 그때 바람은 떠났던 숲으로 돌아가지 못해 더 큰 소리로 운대. 눈물이 사라진 어른들을 믿을 자신이 없어, 아이도 모로 누워 남몰래 운대. 밤새 흘러내린 눈물로 마당이 파이기 시작하면, 바람은 사라지고, 새로운 돌부리들이 죽순처럼 쑥쑥 마당을 뚫고 올라온대. 누군가는 그 돌을 주워 피리를 불고 누군가는 그 돌이 부르는 노래

를 듣는대. 늑대가 섭생을 위해 밤새도록 무엇을 원했는지는, 그 노
래에 귀를 기울이면, 다, 알 수가 있대.

「눈물이라는 뼈」

　아이는 자라서 "늑대의 섭생을 이해하는 한 그루 어른"이 된다.
이때 아이와 어른 사이를 가로지르는 경계는 눈물의 있음과 없음
의 차이다. 아이는 눈물이 있지만 어른에겐 눈물이 없다. 눈물은 여
자와 아이들에게 많다. 그들은 내부에 마르지 않는 샘을 갖고 있다.
시인에 따르면 눈물은 연약한 존재의 방어 무기이자 자기 구제책이
다『마음산책』. 세계 안에서 가장 연약한 시인들의 방어 무기이자 자기
구제책은 시다. 그렇다면 여성─시인들에게 시와 눈물은 둘이 아니
라 하나다.

마음이 한 자리에
못 앉아 있을 때

마음도 한자리 못 앉아 있는 마음일 때,
친구의 서러운 사랑 이야기를
가을 햇볕으로나 동무삼아 따라가면,
어느새 등성이에 이르러 눈물 나고나.

제삿날 큰집에 모이는 불빛도 불빛이지만
해질녘 울음이 타는 가을 강을 보것네.

저것 봐, 저것 봐,
네보담도 내보담도
그 기쁜 첫사랑 산골 물소리가 사라지고
그 다음 사랑 끝에 생긴 울음까지 녹아나고,
이제는 미칠 일 하나로 바다에 다 와 가는,
소리 죽은 가을 강을 처음 보것네.

박재삼, 「울음이 타는 가을 강」, 『울음이 타는 가을 강』, 미래사, 1996

「울음이 타는 가을 강」은 넘쳐흐르는 눈물과 슬픔이 한국 현대시의 보편적 정서 현상임을 드러낸다. 한국시에서 눈물과 슬픔의 심미성은 그것을 낳은 사회적 조건의 잔혹성에서 대한 관찰이 아니라 그것이 보다 복잡한 삶의 구체적 양상 속으로 삼투하여 진실과 거짓 사이에서 길항하는 힘으로 작동할 때 선명해진다.

한국인의 독특한 정서인 한은 눈물과 슬픔의 뿌리다. 그것은 외부 조건에 의해 피동화된 주체의 내면에 구조화된 거듭된 좌절의 결과물이자 인격을 규정하는 억압적 요소이지만, 모순을 끌어안는 역동성을 갖고 있다. 죽을 처지에서 오히려 그 죽을 처지를 조용히 수납함으로써 삶의 처지로 바꾸는 힘이 곧 한이다. 김소월이 「진달래꽃」에서 "나 보기가 역겨워/가실 때에는/죽어도 아니 눈물 흘리우리다"라고 노래할 때, 혹은 김수영이 「여름 아침」에서 "강江물은 도도滔滔하게 흘러 내려가는데/천국天國도 지옥地獄도 너무나 가까운 곳/사람들이여/차라리 숙련熟練이 없는 영혼靈魂이 되어/씨를 뿌리고 밭을 갈고 가래질을 하고 고물개질을 하자"라고 읊을 때 한은 주체를 피동화하는 정서가 아니라 현실의 모순을 적극적으로 수용하며 나아가게 하는 힘이다.

한을 빚어낸 정황과 모순은 흘러가 사라지지만 한은 살아 있는 동안 계통발생적 기억의 유구한 흐름으로 삶의 저변을 적신다. 그것은 "도도하게" 흘러가는 강물이다. 그것에 숙련되려고 애쓰기보다는 차라리 "숙련이 없는 영혼"이 되어 "씨를 뿌리고 밭을 갈고 가래질을 하고" 삶을 살아내는 게 도덕적으로 옳다.

한은 한국문학의 형질을 규정하는 DNA다. 그것은 김소월·한용운 이래로 기형도에 이르기까지 한국 현대시의 가장 탁월한 미학적 성취들 속에서 시린 삶에 대응하는 우성인자로 발견된다. 그것이 외부에서 주어지는 거듭된 수난과 고통에 대한 주체의 비애나 허무와 관련되어 있다는 사실은 상식에 속하는 지식이다.

한은 그렇게 단순한 이해에 의해 그 실체가 드러나지 않는다. 그것은 소극적·자폐적 정서의 침전물이 아니다. 한은 민족지학民族誌學의 맥락에서 볼 때 그 실체가 또렷해지는데, 그 연원은 아주 오래된 것으로 추정되지만 그 연대를 확정지을 수는 없다. 다만 근대 이후 한반도인의 삶이 고통과 구조적인 폭력 속에 고스란히 노출되면서 더욱 도드라졌다는 사실은 분명하다. 채이고, 밟히고, 찢기고, 꺾이고, 빼앗기는 일이 다반사로 일어났다. 식민지 지배체험, 전쟁과 분단, 군사정권의 폭압 속에서 겪은 생명의 위해危害에 대한 경험들은 내면에 불행의식과 함께 비애의 정서를 누적시키며 그 부피를 키워왔다. 굶주림, 질병, 전쟁, 감금, 고문들이 일상화된 세계 속에서 죽음과 소멸은 늘 가까이 있고, 평안과 지복의 꿈은 실현불가능한 아득한 것으로 멀리 있다.

이 누적된 내면의 비애, 즉 슬픔과 원한의 결정체에 신명이 결합하면서 화학적 변화가 일어난다. 존재와 부재 사이에서 잉태하는 무상한 슬픔에 사랑과 긍정의 힘들이 배어들면서 그것은 비상한 활력과 생동감을 갖게 되었다. 본디 한의 발생론적 근거는 피지배 계층의 내면에 응어리진 외상성 기억이지만, 한반도인의 낙관적인 기질과 결합하면서 기억앙진記憶昻進과 기억상실記憶喪失의 사이에서 그 부정적 영향력을 지우고 신생을 향해 밀고 나아가는 생명의 원초적 활력이자 충동으로 전환되었다. 비극에 대한 개체의 경험을 계통발생학적 기억으로 수렴하면서 한은 그것을 낳은 구체적·개별적 '기억'을 배제하고 민족적 정서로 공용화함으로써 한반도인의 내면에 생리와 기질로 굳어진 것이다.

「울음이 타는 가을 강」에서는 "서러운 사랑 이야기"와 "가을 햇볕"이 만나 "눈물"이 되고, "울음이 타는 가을 강"이 된다. 이 시의 핵심은 친구의 애련한 첫사랑의 이야기가 시적 화자의 정서적 공유물이 됨으로써 "해질녘 울음이 타는 가을 강"을 "처음"으로 발견하는 계기를 만들었다는 점에 있다. 소극적 체념이 아니라 자연의 거대한 흐름이 예시하는 절대 긍정 속에서 슬픔이 기쁨으로 전환되는 계기를 찾아냄으로써 한의 독특한 윤리성과 심미성이 나타난다. 도도하게 흐르는 해질녘의 강물 위로 일몰의 빛들이 자글자글 타오르고 있다. 강물이 태우는 것은 다름 아닌 시적 화자와 친구의 "서러움"이며 "울음"이다. 이 시 전체를 감싸는 밝은 기운은 부정적인 슬픔을 정화시킨 뒤 찾은 긍정의 힘 때문이다. 이렇듯 한은 기쁜 슬픔, 혹은 웃음을 머금은 울음이다.

사랑을
　　　잃었네

　　사랑을 잃고 나는 쓰네

　　잘 있거라, 짧았던 밤들아
　　창밖을 떠돌던 겨울 안개들아
　　아무것도 모르던 촛불들아, 잘 있거라
　　공포를 기다리던 흰 종이들아
　　망설임을 대신하던 눈물들아
　　잘 있거라, 더 이상 내 것이 아닌 열망들아

　　장님처럼 나 이제 더듬거리며 문을 잠그네
　　가엾은 내 사랑 빈집에 갇혔네

　　기형도, 「빈집」, 『입 속의 검은 잎』, 문학과지성사, 1989

기형도는 광명시 소하리에서 가난하고 고단한 어린 시절을 보냈다. 그이는 곱슬머리고, 낯빛은 희었다. 미남자에다 다정한 인격을 갖춘 그이는 중앙일보 문화부 기자로 일했다. 그이의 기사들은 시만큼이나 명민하고 깔끔해서 늘 화제를 몰고 다녔다. 어느 해 이른 봄 갑자기 그이가 죽었다. 종로3가에 있던 파고다극장에서 새벽에 주검으로 발견된다. 사인은 뇌졸중이었다. 스물아홉 살의 청년시인은 그렇게 황망하게 우리 곁을 떠났다. 다들 놀라고 슬퍼했다.

생전에 나는 그이를 가끔씩 만났다. 인사동에서, 내 출판사가 있던 강남 어딘가의 밥집과 술집에서. 그이는 술을 거의 마시지 못했지만 술자리에서 사람들과 담소를 나누거나 노래 부르는 것을 좋아했다. 목소리가 감미로워서 그이의 노래는 사람의 마음을 흔들어놓기 일쑤였다. 죽기 바로 한 해 전 늦가을 어느 날 심야에 술이 취해 사람들이 뿔뿔이 흩어져 집으로 돌아가고 난 뒤 거리에 두 사람이 달랑 남았을 때 그이가 얼굴을 붉히며 수줍게 고백했다. 대학교 1학년 때 내 첫 시집 『햇빛사냥』의 열렬한 독자였다고. 겨울에는 외풍이 센 김포의 집에서 이불을 뒤집어쓰고 그 시집을 읽었노라고.

그이의 문학 재능은 동아일보 신춘문예 당선으로 일찍이 입증된 바 있고, 게다가 남다른 성실성이 그 재능에 빛을 더했다. 그이가 죽은 뒤 시집을 내려고 꼼꼼하게 준비한 원고가 가방 속에서 나왔다. 그이의 첫 시집이자 유고 시집이 되고 만 『입 속의 검은 잎』을 읽으며 그 뿌리 깊은 비관주의에 다시 한 번 놀란 기억이 생생하다.

격정에 사로잡혀 타오르는 사랑의 불꽃이 꺼진다는 것은 거의 모든 것을 잃는다는 것과 마찬가지다. 사랑에 제 마음을 온통 동여

매고 있는 사람에게는 사랑이 존재의 거의 모든 것이기 때문에 그렇다. 사랑을 하면서 당신에게 내 모든 것을 다 봉헌하고, 아무것도 남지 않았는데, 사랑은 돌연 끝나버린다. 이 상심으로 충만한 시는 에우리디케를 잃은 오르페우스가 동굴 깊숙이 들어가면서 부른 슬픈 노래에 견줄 만하다.

오르페우스의 노래는 저승으로 가는 강을 건네주는 뱃사공 카론과 저승 입구를 지키는 사나운 개 케르베로스마저 감동시킨다. 아름답고 슬픈 오르페우스의 노래가 저 지하세계 하데스 왕국의 공중을 흔들고 땅으로 스며들었으니, 저승의 왕과 왕비마저 오르페우스의 음악에 취해 마음을 연다. 그리하여 저승의 왕 하데스도 단 한 번도 전례가 없었던 명령을 내린다. 오르페우스가 신부 에우리디케를 빛의 세계로 데려가도 좋다고 허락한 것이다. 다만 뒤를 따라가는 에우리디케를 돌아봐서는 안 된다는 경고가 있었다.

오르페우스는 동굴 입구로 나오며 기쁨에 들떠 문득 에우리디케 쪽으로 몸을 돌렸다. 그 순간, 동굴 어귀에서 막 바깥으로 발을 내딛던 에우리디케는 '안녕'이라는 인사말을 남기며 저 동굴 속 아득한 죽음의 나락으로 떨어진다. 오르페우스는 잘못을 깨닫지만 이미 늦은 일이다. 다시 뱃사공에게 찾아가 저승의 강을 건네달라고 애원하지만 카론은 거절한다. 오르페우스는 식음을 전폐하고 오랫동안 강가에 머물며 흐느껴 울었다. 그 뒤로 진흙을 뒤집어쓴 광인 같은 몰골로 여기저기 떠돌던 오르페우스는 고향으로 돌아가 홀로 지내며 수금을 켜고 슬픈 노래를 지어 불렀다. 그가 수금을 켜고 노래를 하면 산천초목과 동물들이 그 노래에 취해 귀를 기울였다.

오르페우스의 신화는 우리에게 사랑은 저승으로 돌아간 생명조차 다시 소생시키는 힘을 가졌다는 점을 일러준다. 「빈집」을 여러 번 읽어도 우리는 기형도가 누구를 사랑하고, 그의 에우리디케가 누구였는지 알지 못하지만, 사랑은 죽음도 마다하지 않는 불가사의한 힘을 가졌다는 사실을 깨닫는다. 사랑이 깊으면 그것이 끝났을 때의 상실감과 덧없음도 커지는 법이다.

이 시는 실연을 한 뒤 실연의 아픔 때문에 화살을 맞은 짐승처럼 괴로워하는 자의 노래다. 오르페우스의 수금 연주는 끝났고, 연주에 썼던 수금은 더 이상 필요치가 않다. 이 시의 화자는 연주에 썼던 수금마저 버리려고 한다. 그 악기를 들고 있는 이상 자신이 연주했던 사랑하는 이와 함께 했던 기억에서 벗어날 수 없는 까닭이다. 그 동안 자신과 함께 했던 것들과도 입을 맞추고 작별인사를 나눈다. 짧았던 밤들, 겨울 안개들, 아무것도 모르던 촛불들, 공포를 기다리던 흰 종이들, 망설임을 대신하던 눈물들, 더 이상 내 것이 아닌 열망들을 하나하나 호명하며 작별의식을 치르는 것이다.

사랑을 잃고 쓴 시는 노래가 아니라 비명悲鳴이다. 「빈집」이 그 잔잔한 어조에도 불구하고 읽는 이의 마음의 여린 부분을 할퀸다. 그 다정한 속삭임 속에 비명의 날카로움이 숨어 있는 것이다. 여러 번 읽어도 읽을 때마다 마음은 참담해진다. 사랑을 잃고 헐떡이는 마음의 고통은 오직 그 고통에 겨운 마음을 죽음이라는 망각에 들이민 다음에야 비로소 잠잠해진다.

사랑을 잃은 이는 장님이 된다. 아마 귀는 들을 수 없고, 혀는 더 이상 이 세상의 어떤 요리의 맛을 볼 수가 없다. 세계를 느낄 수 있는 오감의 관능을 잃은 자는 살아 있어도 이미 죽은 것이다. 어느 시인은 과격하게 "사랑하다가 죽어버려라"_{정호승, 「그리운 부석사」}라고 했지만, 사랑하는 자들은 항상 죽음이라는 강가를 배회하고, 죽음은 가벼운 뇌진탕 같이 혹은 지각탈실知覺脫失의 형식으로 자주 그의 삶을 들락거린다.

시의 화자는 더듬거리며 문을 잠그고, 자신을 죽음이라는 감옥에 가둔다. 이 감금은 사랑을 잃은 자기를 가둬 덧없는 사랑을 잃은 슬픔에서 벗어나고자 하는 자발적 기획이지만, 기묘한 심리의 역전 현상이 일어난다. 상징적 자기살해로 죽음의 감옥에 갇힌 것은 자신이지만, 정작 시인은 "가엾은 내 사랑 빈집에 갇혔네"라고 노래한다. 사랑이 부재하는 세상은 빈집에 지나지 않고, 사랑을 잃은 연인은 그 빈집에 갇혀 사랑하는 이와 영원히 격리되어 있는 것이나 다름없다. 이 아름답고 슬픈 절명시絕命詩를 그이가 죽기 한 달 전쯤에 내가 주재하는 시 계간지에 싣기 위해 받았다. 이 시가 게재된 잡지가 나왔을 때 그이는 더 이상 이 세상 사람이 아니었다. 「빈집」은 시인이 버린 세상에 남아 회자膾炙되며 사랑을 잃은 자의 마음에 패인 실연의 고통이 얼마나 깊은가를, 역설적으로 사랑이 얼마나 불가사의하고 큰 힘을 가졌는가를 증언할 뿐이다.

이미
울다 간 바 있는 봄

어둠 속에서 여인을 본 날이었다

놀랍게도

이불을 끌어안은 것처럼

빗소리를 바짝 붙잡고 있는 모양이었다

낮술에 취해 비스듬히 베어진 남자가

물 묻은 가지를 짚은 채 여인 옆에 기대앉아 있었다

여인과 잠깐 눈이 마주친 동안

산벚꽃 잎이 날아왔다

빗소리 깔린 길

멀리 데려간 단 한 발자국만큼의 인연을

생이 지켜보고 있는 것도 같다 이미 울다 간 바 있는

봄, 사랑이 결정되기라도 하면

숙명이 책상다리를 하고 노랑 병아리 같은 것을 깔고 앉는

그런 전철이 있는 것 같다

서서히 기울며 지워지는

어둠은 그날 부러지는 소리가 나고 잎도 져 내리었다
한참 후
양쪽 발소리가 다른 여인이
입구 쪽으로 천천히 나가고 있었다

젖은 꽃잎이 날아 내리며 입구를 간신히 비추어 주었다

황학주, 「능가사 벚꽃 잎」, 『노랑꼬리 연』, 서정시학, 2010

황학주의 시들은 늘 어떤 상흔傷痕을 노래한다. 시인이 걸어야
했던 일신운화—身運化의 길은 거칠고 팍팍한 길이다. 스물 세 해 전
쯤에 펴낸 첫 시집 『사람』에서 "지금 성한 것은 영원히 성한 것이 아
니라고/내 믿음을 섣불리 말하면 너는 눈물 안 날 것이냐?"「섬진강 내
일」, "5월과 6월이 어떻게 지나갔는가/우리 살도 째고 내장도 뜯으며
간 봄"「계화교에서」, "가슴은 새로 쓸 수 있다하니 다친 가슴/단단히
잘 굳으면 나가서 빗줄기를 맞을 때"「바람에 불려 차디, 차던」 따위의 구절
들에, 살림을 들어먹고 고리 사채私債에 시달리다 등 맞대고 살던 사
람이 뿔뿔이 흩어지며 찢기고 뜯긴 마음의 흔적들이 산만하게 흩어
져 있다.

그가 시에서 계화도 수몰 이주민의 팍팍한 삶에 제 삶을 겹쳐낼
때 슬픔은 삶의 저 안쪽까지 깊게 삼투하며 어떤 무늬들을 선명하

게 새긴다. 황학주의 시들은 그 무늬들을 안고 찬란해지는 것이다.

올해 벚꽃은 유난히도 희고 눈부셨다. 벚꽃 아래서 내 마음이 자꾸 허방을 짚고 어둔 심연 속으로 떨어지곤 했다. 허랑방탕하게 흘려보낸 시간들이 솟구쳐 가슴을 치고, 꿈속에서는 멀리 떠나보낸 사람들이 자꾸 나와 울었다. 정말 가슴이 먹먹해질 만큼 아름다워서 슬픈 봄이었다. 그런 와중에 「능가사 벚꽃 잎」을 읽었다.

마침 이 시는 벚꽃이 피고 지는 봄 풍경을 그 배경으로 하고 있다. 만남과 헤어짐, 존재와 부재, 이승과 저승 사이에 벚꽃이 만발하며 충만한 이 봄에 완충지대는 없다. 울고 간 자와 남은 자 사이에 벚꽃의 하염없는 낙화만 있을 뿐이다. 비가 오고 꽃잎이 떨어지는 능가사에 시인은 무슨 볼 일이 있어 간 것일까.

이 배경 속에 낮술에 취한 남자와 그 옆에 여인이 있다. ‘나’는 여인과 잠깐 눈이 마주친다. 그게 전부다. ‘나’는 여인과의 찰나적인 눈 마주침에서 되풀이되는 생의 흔하디흔한 전철을 읽어낸다. 그것은 내가 겪어낸 경험이기도 하다. ‘나’에게도 이와 똑같은 이별의 순간이 있었던 것이다. “이미 울다 간 바 있는 봄”이라는 구절은 그런 사연을 품고 있다.

무슨 사연이 있긴 있는데, 알 수는 없다. 이 사랑은 애달프다. 이 사랑이 깨진 사랑이라는 암시를 담고 있는 까닭이다. 그럴 때 시인의 마음은 잘 “휘어진다”. “제 자신의 바닥까지 휘어진/생의 화장을 고치는 노련한 산그늘”「고향」, “나, 휘어진 바닷길을 그제야 따라

붙는다"「고흥」, "발포, 등이 멀리 흰 가운데만큼은/아직 아프다"「발포
해변」라는 구절에 나오는 "휘어진"이라는 형용사는 황학주만의 것이
다. 이를테면 전매특허 같은 것이다.

이 휘어짐은 수양버들의 휘어짐이고, 길의 휘어짐이고, 이미 다
른 운명을 품고 속절없음을 품은 마음의 휘어짐이다. 휘어진 것들
은 그 본성이 연하디 연한 것들이어서 굳세지 못하다. 연해서 휘어
진 것이 아니라 휘어져서 연한 것들이다. 휘어진 것들은 어떤 궤도
를 벗어나 굴곡의 운명, 혹은 오차가 난 삶을 묵묵히 견뎌낸다. 휘
어짐은 그저 마음에 그어진 상흔으로 남을 뿐이다. 이 연성軟性의 운
명을 붙잡고 있는 시인은 한 남자와 이별을 앞둔 낯선 여인에게 제
운명을 겹쳐 바라보는 것이다.

여전히 비는 내리고 있다. 여인은 절의 입구 쪽으로 걸어 나간
다. "양쪽 발소리가 다른 여인이/입구 쪽으로 천천히 나가고 있었
다"라는 구절은 눈이 번쩍 뜨이는 대목이다. 양쪽 발소리가 다르다
는 것은 여인의 다리가 불편하다는 암시를 담고 있다. 다리의 불구
가 여인의 운명을 붙잡고, 그래서 여인의 운명도 함께 휘어졌을 터
다. 입구 쪽으로 걸어 나간다는 것은 속절없이 품었던 그 휘어진 운
명 바깥으로 나간다는 뜻일 게다. 그것은 아마도 "내 사람이라 말
할 수 있는 그런 운명은/오래오래 기억하다 해발 가장 높은 추전역
같은 데 내려주어야 한다"「노랑꼬리 연」는 구절에 보이는, 붙잡고 있던
운명의 놓아줌과 같은 뜻일 게다.

입구는 곧 출구다. 들어온 길이 곧 나가는 길이다. 시인은 굳이 "젖은 꽃잎이 날아 내리며 입구를 간신히 비추어 주었다"라고 여인이 걸어 나가는 입구 쪽을 환하게 밝혀둔다. 우리는 "양쪽 발소리가 다른 여인"이 어디로 갔는지 모른다. 우리가 아는 것은 빗소리가 그 여인을 배웅하고, 젖은 꽃잎들이 날리며 그 여인의 앞길을 밝혀주었다는 것뿐이다. 이 봄에 그런 전철을 밟는 사람이 어디 이 여인뿐이었겠는가!

사랑_ 그 지옥으로,
웃으며, 자발적으로

봉투를 열자 전갈이 기어나왔다

나는 전갈에 물렸다

소식에 물렸다

전갈이라는 소식에 물렸다

그로부터 나는 아무도 모르게 혼자 빙그레 웃곤 하였다

축축한 그늘 속 아기버섯도 웃었다 곰팡이들도 따라 웃었다

근사하고 잘생긴 한 소식에 물려 내 몸이 붓고 열에 들떠 끙끙

앓고 있으니

아무튼, 당신이 내게 등이 푸른 지독한 전갈을 보냈으니

그 봉투를 그득 채울 답을 가져오라 했음을 알겠다

긴 여름을 다 허비해서라도

사루비아 씨앗을 담아오라 했음을 알겠다

류인서, 「전갈」, 『여우』, 문학동네, 2009

봉투를 열자 전갈이 기어 나온다. 시의 화자는 그 전갈에 물렸다. 소식/독충이라는 '전갈'의 동음이의어에 착안한 말놀이다. 체험의 깊이보다는 톡톡 튀는 아이디어가 싱그러운 시다. 당신은 여기 아닌 자기에 있다. "당신은 내게 등이 푸른 지독한 전갈"을 보낸다. 누가 사랑을 숭고하다고 하는가? 나는 전갈에 물린다. 전갈/소식이 무는 것이라면, 사랑은 그 본질에서 무는 것이다. 사랑은 무엇엔가 물리는 것이기 때문에 일종의 재난이다.

당신은 여기가 아닌 저기의 시간, 내가 겪지 않은 무한한 시간을 전갈로 보낸다. 나는 그 전갈을 통해 여기가 아닌 저기의 무한한 시간을 살며 전갈의 볼모가 된다. 사랑에 대한 정열은 기꺼이 누군가의 볼모가 된다는 것이다. 그 볼모가 된다는 것은 "아무도 모르게 혼자 빙그레 웃곤" 하는 것이고, "근사하고 잘생긴 한 소식에 물려 내 몸이 붓고 열에 들떠 끙끙 앓"는 것이다. 사랑은 나 혼자서는 얻을 수 없는 타자를 통한 기쁨이며, 열망이고, 꿈이다. 누군가를 사랑할 때 우리는 비로소 모든 사랑으로부터 자기를 닫아버릴 수 있다. 사랑의 정열은 곧 저를 억압하는 정열이며, 그것이 아닌 모든 것을 거부하는 힘이다.

나는 류인서의 「전갈」을 사랑의 시로 읽는다. 사랑에는 누군가 나에게 관심을 갖고 주의 깊이 바라보는 타자가 필요하다. 사랑의 본질은 내 안의 본질적인 결여인 타자에 대한 의존이다. 사랑은 언제나 타자라는 표적이 필요하다. 내가 타자를, 혹은 타자가 나를 보는 것에서 사랑은 시작한다. 본다는 것만으로도 근본적 변화가 일어난다. 나는 타자가 보기 이전의 나와 바라보기 시작한 뒤의 나로 나뉜다. 타자의 시선이 날아와 꽂힐 때 나의 투명함, 나의 타고난 존재의 형질은 바뀌어버리는 것이다. 타자의 시선 아래에서 나는 새로운 자아를 갖고 태어난다. 사랑은 타자에게 저를 내주는 것이며, 그 이타적 헌신과 동시에 타자의 욕망 속에서 새로 태어나는 것이다. 타자는 뚫어질 듯 바라보는 것만으로도 내 골수骨髓를 다 먹어치운다.

얼마나 많은 여인들이 헛된 사랑의 미혹에 빠져 제 존재의 가능성을 탕진해버리는가! 훔쳐가기만 하는 사람을 사랑하는 여인들은 마침내 저를 잃고 이내 시들어버린다. 그런 까닭에 사르트르는 "타인은 나의 존재를 훔쳐가는 사람인 동시에, 나의 존재라고 하는 하나의 존재를 만들어주는 사람이기도 하다"라고 말한다.

사랑은 타자의 얼굴로 나타난다. 얼굴은 주체의 속성을 모으고 집약하고, 자아가 출현하는 표면이다. 나는 타자의 얼굴에 나타난 이방성에 경의와 찬사를 바친다. 사랑은 타자의 이방성이 출현하는 "얼굴에 대한 신앙"알렝 핑켈크로트이다. 그런데 정작 그 얼굴은 그 신앙에서, 그밖에 모든 것에서 달아난다. 끝없이 달아나기 때문에 사랑은 붙잡을 수 없다. 달아나기 때문에 영원히 내 안의 부재로 남고, 그래서 우리는 그것을 사랑하는 것이다. 내 것이라고 말할 수 있는 '얼굴'은 강박증적 집착 욕망이 만들어낸 허상일 뿐이다. 타자는 소유할 수가 없고 오직 환대만이 가능하다. 붙잡힌 '얼굴'은 주인의 재산에 지나지 않는 노예의 얼굴이다. 그것은 주인의 동산動産의 일부이고, 소유의 품목 중의 하나다. 사랑하는 얼굴은 붙잡을 수 없는 현존이다. 그것은 놓아주면 돌아오고, 붙잡으면 달아나는 그 무엇이다.

나는 류인서의 「전갈」을 사랑의 존재방식에 대한 탐구로 읽는다. 시의 화자는 홀로 웃는다. 사랑에 빠졌기 때문이다. 시의 화자는 새끼 밴 암소와 같이 사랑을 잉태한다. 타자는 얼굴을 내밀지 않고, 멀리서 전갈/소식만을 보낸다. 그동안 나의 샘은 마르고 꽃들은 진다. 사랑의 그늘 아래에 웅크린 나는 멀리서부터 오는 그 전갈/소식에 쏘인다. 전갈/소식은 타자에게서 내게로 오는 것이다. 타자는 발신자고, 나는 수신자다. 사랑하는 자에게 사랑하는 타자는 영원히 부재의 현존이다.

사랑은 침입자의 무리와 같이 갑자기 들이닥치지만, 사랑하는 타자는 부재의 현존으로만 저를 드러낸다. 함께 있을 때는 저를 드러낼 이유가 없기 때문에 드러내지 않는다. 여기에 부재하는 타자는 저기에서 전갈/소식으로 나를 조종한다. 나의 피동성은 무덤 안의 부장품처럼 확고해진다. 사랑을 하는 자는 유령 같은 타자의 목소리에 조종을 받으며, 웃는 자, 사르비아 씨앗을 준비하는 자다. 사랑하는 것은 "최고의 수동성이고, 모든 피난처를 버리고 자기를 드러내서 몸을 바친 후 항복하는 것"_{알렝 핑켈크로트}이다. 시의 마지막 구절을 곰곰이 읽어보라.

"긴 여름을 다 허비해서라도/사루비아 씨앗을 담아오라 했음을 알겠다". 사랑은 그것을 이루기 위해 제 존재를 탕진하는 것이다. 탕진된 나는 어디로 가는가? 나는 타자에게 물리고, 마침내 타자의 배腹 속으로 떨어진다. 그 지옥으로, 웃으며, 자발적으로. 그게 사랑의 비극이고, 사랑의 역설이다.

외롬과 시름이,
식초보다 아프다

당신이 얼마나 외로운지, 얼마나 괴로운지,

미쳐버리고 싶은지 미쳐지지 않는지

나한테 토로하지 말라

심장의 벌레에 대해 옷장의 나방에 대해

찬장의 거미줄에 대해 터지는 복장에 대해

나한테 침도 피도 튀기지 말라

인생의 어깃장에 대해 저미는 애간장에 대해

빠개질 것 같은 머리에 대해 치사함에 대해

웃겼고, 웃기고, 웃길 몰골에 대해

차라리 강에 가서 말하라

당신이 직접

강에 가서 말하란 말이다

강가에서는 우리

눈도 마주치지 말자.

황인숙, 「강」, 『자명한 산책』, 문학과지성사, 2003

"강가에서는 우리/눈도 마주치지 말자."

마치 토라진 누이처럼 말하는 이 시의 서정적 주체는 심신이 몹시 지쳐 있거나 상처받은 상태다. 누가 제 외로움과 괴로움에 대해 말하는 것을 조용히 경청하고 있을 만한 여력이 없다. 다 귀찮다. 내 한 몸이 지어 만드는 생도 질질 끌고 가는 형편인데, 누군가 제 짐을 들어 달랜다. 나는 피로의 극한상황이거나 마음이 닫힌 상태다. 누군가 고독의 공포에 질린 내게 와서 도와달라고 매달리는 게 끔찍한 일이겠다.

외재적 대상들을 향유할 수 있는 것은 주체에게 여유가 있을 때이다. 누군가 그의 속깊은 말을 들어주지 않는다면 그는 독백을 할 수밖에 없다. 누군가 그에게 '말함'을 허락할 때 나와 그 사이에 대화가 이루어지지만, 내가 그에게 '말함'을 허락하지 않을 때 그의 언어는 소통이 끊긴 독백과 고립의 언어가 될 수밖에 없다. 내가 그에게 '말함'을 허락하고 그의 말을 들어준다는 것은 나의 '자기성'을 유보하고 그를 향해 나의 현존을 아무 조건없이 열어주는 것이다. 소통을 한다는 것은 진정한 삶을 산다는 뜻이다. 말을 바꾸면 소통을 하지 않는다는 것은 죽은 것과 같다는 뜻이다. 내가 당신에게 '말함'을 허락하는 것은 당신의 타자성, 그 낯섦을 조건없이 받겠다는 약속이다.

소통의 불능이 불러오는 비극은 얼마나 끔찍한가? 이 시를 읽으며 프란츠 카프카를 얼른 떠올린다. "그레고르 잠자는 어느 날 아침 불안한 꿈에서 깨어났을 때, 침대에 누워 있는 자신이 한 마리 끔찍한 벌레로 변해 있는 것을 발견했다"프란츠 카프카, 「변신」. 카프카의 소설은 의사소통이 되지 않는 현대사회에 대한 끔찍한 알레고리다. 이 가족의 충직한 일원이자 부양자인 그레고르의 말은 어느 날 아침부터 갑자기 아버지와 어머니, 누이동생에게 소통되지 않는다. 어제까지 사랑스런 누이의 오빠이자 부모의 신뢰를 받는 아들이던 그레고르의 타자성이 극대화되자 그는 흉측한 외관을 가진 동물이 되고 만다. 그로 인해 공중公衆과의 소통하기가 아니라 가족과의 소통하기가 불능에 이른 것이다!

소통을 할 수 없는 한 식구를 나머지 식구들은 사람이 아니라 이종異種의 그 무엇으로 대한다. 식구 중 한 사람이 생물학적으로 다른 종種으로 건너가며 의사소통의 불능상태에 빠져버리자 이 가정이 누리던 자족적 평화는 유리그릇과 같이 쉽게 깨지고, 식구들은 미증유의 혼란과 재앙에 직면한다. 이 가정에 불안과 절망, 그리고 우울의 그림자로 덮이고, 평화와 질서가 사라지고 그 자리를 울부짖음과 고함, 소란이 대체한다. '흉칙한 갑충'으로 변신한 그레고르는 아버지가 던진 사과가 등에 박혀 몸이 썩이고 끝내는 죽음에 이른다.

황인숙 시의 자아는 「변신」에 나오는 그레고르의 역상逆像이다. "당신이 얼마나 외로운지, 얼마나 괴로운지,/미쳐버리고 싶은지 미쳐지지 않는지/나한테 토로하지 말라." 당신과의 어떤 소통도 거부하는 이 시구는 서정적 주체의 상황이 심각한 지경에 있음을 암시

한다. 나는 당신에게 '말함'을 허락할 수가 없다. 당신이 외로운지 괴로운지 미쳤는지 미치고 싶은지를 듣고 싶지 않은 것은 내가 당신의 '말함'을 받아들일 준비가 되어 있지 않는 까닭이다. '말함'은 말하는 주체가 자기를 이 세계에 계시하는 것, 특히 유일무이한 청자聽者로 지목한 나에게 "자기 자신을 위험스럽게 폭로하는 일 속에서, 솔직성 속에서, 내면의 깨어져 나감과 모든 은신처를 포기함 속에서" 레비나스 말하는 주체 자신을 드러내는 것이다.

당신에게 '말함'을 허락하는 것은 그 '말함'에 대하여 적극적으로 응답하겠다는 잠재적 약속이다. 그러므로 당신의 '말함'을 들어준다는 것은 그 청자가 타자를 향해 기꺼이 자기를 열어주는 것, 더 나아가 실제적 차원이든 윤리적 차원이든 당신을 책임진다는 뜻이다.

나는 당신의 '말함'을 허락할 수 없다. 그러니 당신은 내게 와서 당신 "심장의 벌레에 대해 옷장의 나방에 대해/찬장의 거미줄에 대해 터지는 복장에 대해/나한테 침도 피도 튀기지 말라". 나를 향해 달려오는 당신을 피해 계속 달아나겠다는 의지는 매우 단호하다. 나는 당신을 실제적이든 윤리적이든 책임질 준비가 되어 있지 않은 까닭이다. 지금 이 시의 서정적 주체를 지배하는 것은 권태, 피로, 무기력이다. 이 시의 문면 뒤에 숨은 말은 다음과 같다.

나는 당신의 '말함'을 허락할 수가 없다. 나는 당신에게 어떤 대답도 해줄 수 없다. 제발 나를 건드리지 말고 내게 아무런 응답도 요구하지 말고, 나를 '응답할 수 없음', 즉 아무것도 아닌 존재로, 익명성에 그냥 있게 놓아다오. 나는 당신과의 되먹임feedback이 끊긴

장소에서 쇠나무鐵木가 허공에서 꽃을 피우든 말든 상관하지 않고 나대로 살겠다. 이 시의 화자는 이렇게 말한다. "차라리 강에 가서 말하라/당신이 직접/강에 가서 말하란 말이다". 누군가에게 제 존재를 의탁해야만 겨우 살 수 있는 존재에게는 이 매정한 말은 그 외로움과 시림이 뼛속까지 식초보다 더 아프게 내려오겠다.

Ⅱ.

꿈이 꿈을 떠나고, 노래가 노래를 잃었을 때

오늘 나는,
새로워지고 싶다

오늘 나는 흔들리는 깃털처럼 목적이 없다

오늘 나는 이미 사라진 것들 뒤에 숨어 있다

태양이 오전의 다감함을 잃고

노을의 적자색 위엄 속에서 눈을 부릅뜬다

달이 저녁의 지위를 머리에 눌러 쓰면 어느

행인의 애절한 표정으로부터 밤이 곧 시작될 것이다

내가 무관심했던 새들의 검은 주검

이마에 하나 둘 그어지는 잿빛 선분들

이웃의 늦은 망치질 소리

그 밖의 이런저런 것들

규칙과 감정 모두에 절박한 나

지난 시절을 잊었고

죽은 친구들을 잊었고

작년에 어떤 번민에 젖었는지 잊었다

오늘 나는 달력 위에 미래라는 구멍을 낸다

다음 주의 욕망

다음 달의 무無

그리고 어떤 결정적인

구토의 연도

내 몫의 비극이 남아 있음을 안다

누구에게나 증오할 자격이 있음을 안다

오늘 나는 누군가의 애절한 얼굴을 노려보고 있었다

오늘 나는 한 여자를 사랑하게 됐다.

심보선, 「오늘 나는」, 『슬픔이 없는 십오 초』, 문학과지성사, 2008

나는 심보선을 개인적으로 만나 본 적도 없고, 알지도 못한다. 시집을 따라가면, 그의 아버지는 돌아가셨고, 엄마는 뒤늦게 초급 영어를 배우는 중이다. 그는 장남이다. 그것도 "크게 웃는 장남"「웃는 다, 웃어야 하기에」이다. 그는 장남으로서 "애절함인지 애통함인지 애틋 함인지 모를/이 집안에 만연한 모호한 정념들"과 싸운다. 그의 장모 는 "모국어를 그리워하고 있을 사위에게"라고 시집 속지에 쓴 황지 우 시집을 유학 중인 사위에게 부쳐주었다.

그는 욕조 속에서 몸을 담그고 그 시집을 읽었다. 그는 대학 다 닐 때, 데모 한 번 한 적 없는 아내와 함께 산다. 아내는 좌파가 아 니면서도 그의 좌파 친구들과 잘 어울린다. 유유상종이라는 말에 기댄다면, 그는 좌파다. 사회운동가인 외국인 친구에게 "한국에서 온 좌파 급진주의자로 오해"「엘리베이터 안에서의 도덕적이고 미적인 명상」를 받

는 좌파다. "나는 씨익,/웃을 운명을 타고났기에 씨익,/한번 웃으면/ 사나운 과거도 양처럼 순해지곤 합니다"「편지」라는 시를 보면 순하고 낙관적인 좌파다.

「오늘 나는」을 나는 권태에 관한 시로 읽는다. 흔들리는 깃털이 목적 없듯이 오늘을 통과하는 삶에 어떤 목적이 없다. 해는 떴다가 지고, 낮이 간 뒤 밤은 온다. 수억 년 지구 위에서 되풀이해 온 새로울 게 없는 사실이다. 되풀이는 권태를 불러온다. 이 시는 권태의 나른함으로 가득 차 있다. 권태에 사로잡히면 목적에 대한 열정은 휘발하고 욕망은 그 부피가 준다. 권태의 유일한 덕목은 분노와 증오마저 누그러뜨려 외견상으로는 주체의 관용이 커진 듯 보이게 한다는 점이다. 아울러 욕망의 부피가 줄었기에 무욕한 인간으로 비치기도 할 것이다. 실은 관용이 아니라 무욕함이 아니라 그 일체에 대한 나태와 피동성에서 빚어진 사태인데 말이다.

    내가 무관심했던 새들의 검은 주검
    이마에 하나 둘 그어지는 잿빛 선분들
    이웃의 늦은 망치질 소리
    그 밖의 이런저런 것들

새들의 검은 주검이나 이마에 느는 주름들, 그리고 늦은 밤에 이웃집에서 벽에 못 박는 망치질 소리…… 이것들은 삶의 표피에서 일어나는 거품들에 지나지 않는다. 잠깐 이마를 찌푸렸다가 푸는 순간 그 거품들은 지나간다. 세계에 대해 피동적인 사람이 그나마 반짝, 하고 열정을 보이는 것은 오로지 자기 자신을 대할 때뿐이다. 사람이란 언제나 자기 영혼의 가장자리를 따라서 여행하는 존재인 것이다_{니코스 카잔차키스}.

지구의 끝, 그보다 더 멀리 나아간다 하더라도 사람은 자기 영혼의 내부를 벗어나지 못한다. 눈과 귀를 즐겁게 하는 새로운 풍물이 아무리 넘치더라도 결국은 "우리 존재의 필요와 호기심에 가장 잘 부응하는 것들만" 선택하고 받아들인다. 보라, 시인은 다음과 같이 그 잠언을 새기고 있다. "나는 지상에 태어난 자가 아니라 지상을 태우고 남은 자다. 모든 것이 사라지고 남은 최후의 움푹한 것이다. 환한 양각이 아니라 검은 음각이란 말이다. 나의 전기를 쓰기 위해서는 세상의 모든 신화들을 읽은 후 비탄에 젖어 일생을 보내다가 죽은 후 다음 생에 최고의 전기작가로 태어나야 한다. 그러나 명심하라. 그 운명을 점지하는 자도 바로 나다"_{「아이의 신화」}.

지난 시절을 잊었고
죽은 친구들을 잊었고
작년에 어떤 번민에 젖었는지 잊었다

권태는 자기방기며, 결과적으로 책임과 의무에 대한 면죄부를 만든다. 어떻게? 망각으로써. 잊는다는 건 삶의 텅빔에 대한 소극적인 부정의 한 방식이다. 공허와 뜻없음, 실망과 오류들을 잊음으로써 마치 그것이 없었던 것처럼 멀리 도망간다. 지난 시절, 죽은 친구들, 소소한 번민들을 잊음으로써 그것들을 과거라는 무덤 속에 묻고 새 삶을 향해 나아갈 수 있는 토대를 만든다. 새 삶이라고? 그렇다. 이 시는 끝에 놀라운 반전을 숨겨놓았다. 만사가 재미없음, 혹은 시들함이라는 징후들을 늘어놓으며 나른하게 펼쳐지던 이 권태의 시는 끝에 가서 팽팽한 긴장으로 조인 사랑의 시로 바뀐다.

오늘 나는 누군가의 애절한 얼굴을 노려보고 있었다
오늘 나는 한 여자를 사랑하게 됐다.

시의 화자는 돌연 사랑을 찾음으로써 권태와 망각이라는 종교에서 세상으로 귀환한다. 그것은 개종이고 환속이다. 머잖아 나태는 열정으로, 무욕의 느릿함은 욕망의 사나운 질주로 바뀔 것이다. 사랑은 세계를 욕망해야 할 분명한 동기를 만들기 때문이다. "사랑이란 그런 것이다/먹다 만 흰죽이 밥이 되고 밥은 도로 쌀이 되어/하루하루가 풍년인데/일 년 내내 허기 가시지 않는/이상한 나라에 이상한 기근 같은 것이다"「식후에 이별하다」. 사랑이 때때로 무도덕이나 무분별로 빠지는 것은 그것이 세계에 대한 절박한 욕망함 그 자체기 때문이다.

한없이 서 있는
　　　뒷모습에게

왜 추운 데 서서 돌아가지 않는가
돌아갈 수 없어서가 아니라
끝에서 사람으로 사람에서 쌀로 쌀에서 고요로 사랑으로 돌아
가려는 것이다

돌아오는 길은 어둡고 구덩이가 많아
그 차가운 존재들을 뛰어넘고 넘어서만 돌아가려 하는 것인가
추워지려는 것이다

지난 봄 자고 일어난 자리에 가득 진 목련꽃잎들을 생각한 생
각들이
눈길에 찍힌 작은 목숨들의 발자국이
발자국에서 빗방울로 빗방울에서 우주의 침묵으로
한통속으로 엉겨들어, 조그맣게 얼룩이라도 되어
이 천지간의 물결들을 최선들을 비벼대서
숨결이라도 일으키고 싶은 것이다

아, 돌아온다는 당신과 떠난 당신은 같은 온도인가
그사이 온통 가득한 허공을 밟고 뒤편의 뒷맛을 밟더라도
하나를 두고 하나를 되돌릴 수 없는 것이다
한곳을 가리키며 떨리는 나침반처럼
눈부시게 눈부시게 떨리는 뒷모습에게
그러니 벌거벗고 서 있는 뒷모습에게
왜 그리 한없이 서 있냐고 물을 수는 없는 것이다

이병률, 「뒷모습」, 『바람의 사생활』, 창비, 2006

이병률, 그는 "어찌 사는가/방에 불은 들어오는가/쌀은 안 떨어졌는가"「시인들」, 『당신은 어딘가로 가려 한다』라고 물을 줄 아는 시인이다. 나는 이병률을 잘 모른다. 언젠가 홍대앞 작은 주점에서 스친 듯 그를 본 적이 있었다. 그는 어떤 시인과 앉아 있었다. 그로 인해 주점의 흐린 공간이 환해지는 듯했다. 그는 차안此岸에서의 삶이 지켜야 할 약속들을 갖고 있는 삶이고, 그것은 "검고 고요한 저 소실점을 향해 가는 일"「봉인된 지도」이라고 말한다.

아주 찰나의 인상이지만 그는 미녀와 공명도 다 덧없음을 알고, 그 덧없음에 의지해 문득 고요에 가 닿은 사람으로 보였다. "당신을 중심으로 돌았던/그 사랑의 경로들"「피의 일」을 되새기며 고요를 어지럽히지 않고 고요를 가지런하게 만들 줄 아는 시인이다. 그

와 동행한 시인이 마침 나와 안면이 있는 사람이어서 그를 소개했
다. 우리는 눈인사를 짧게 나누고 헤어졌다. 그뿐이다. 그의 이마에
적힌 적요라는 문자를 읽었던가. 그가 적요로운 사람이라고 판단했
다. 풍편으로 그가 라디오 방송의 구성작가 일을 한다는 얘기를 들
었다. 아주 유능한 출판기획자라는 얘기도 들었다. 그를 만나고 얼
마 지나지 않아 그의 시집 『바람의 사생활』을 읽었다.

　어둔 방에 불도 켜지 않은 채 눈이 퉁퉁 붓도록 운 적이 있는가?
"한 사람을 잊는 데 삼십 년이 걸린다 치면/한 사람이 사는 데 육십
년이 걸린다 치면/이 생에선 해야 할 일이 별로 없음을 알게 되나니"
「생의 절반」, 『당신은 어딘가로 가려 한다』라는 시구에 무릎을 치며 공감을 한다
면 당신은 이병률의 「뒷모습」을 읽을 자격이 있다. 누군가의 뒷모습
을 본다는 것은 그 누군가와 내가 한 방향을 보고 있다는 뜻이다. 내
가 그의 뒤에 서 있다면 나는 그의 뒷통수, 뒷목, 등, 허리, 엉덩이
들을 볼 수 있을 것이다. 돌아선 사람의 뒤태는 정직하다.
　사진작가 에두아르 부바의 사진에 붙이는 감성적인 에세이를
쓴 프랑스 소설가 미셸 투르니에는 "등은 거짓말을 할 줄 모른다"고
쓴다. 앞은 분장이 가능하다. 분장은 거짓말의 가능성을 드높인다.
아울러 앞쪽에는 권력이 집중되어 있다. 앞쪽의 얼굴에는 명령하고
요구하는 입이 있다. 전방을 주시하는 눈과, 주변의 사물에서 냄새
를 맡는 코가 있다. 주변의 움직임을 감지할 수 있는 귀도 앞을 향
하고 있다. 전면에 배치되어 있는 이것들은 사냥꾼에게 유리한 조건
이다.

뒤쪽은 무장을 해제당한 패배자의 숙명을 내면화한다. 등은 보지 않고 듣지 않고 말하지 않고 행하지 않는다. 보고 듣고 말하고 행하는 모든 것은 등의 반대편에 밀집해 있다. 앞쪽은 예를 갖추고 그에 따르지만 뒤쪽은 예가 없다. 등은 아무것도 가진 것이 없다. 그래서 등은 숨길 수 없는 가난이지만, 굽힐 수 없는 등뼈를 곧추세우는 표표함으로 윤리의 꿋꿋함을 드러낸다.

"왜 추운 데 서서 돌아가지 않는가"라고 물을 때 시인은 추운 데 서서 돌아가지 않는 사람의 뒷모습을 보고 있는 중이다. 뒷모습은 추방당한 굴원屈原, 도피하는 두보杜甫, 유배당하는 소동파蘇東坡를 떠올리게 한다. 추방당하고, 도피하고, 유배당하는 자들은 늘 뒷모습으로 그 영화의 쇠락을 받아들이고 승인하는데, 그 쇠락의 받아들임이 마침내 나아간 끝은 덧없음이고 자진自盡이다. 뒷모습 중에서 가장 넓은 자리를 차지하는 것은 등이다. 등은 버리고 떠나는 자의 곡절, 혹은 가난하고 슬픈 삶의 내력을 보여주는 바코드다. "여러 번 짐을 쌌으므로 여러 번 돌아오지 않은 셈이다/여러 번 등 돌렸으므로 많은 걸 버린 셈이다/그 죄로 손금 위에 얼굴을 묻고/여러 번 운 적이 있다"「내 마음의 지도」, 『당신은 어딘가로 가려 한다』

등을 돌리는 것은 등 뒤에 남은 것들을 버리거나 포기하는 것이다. 마음의 모진 결단 끝에 등을 보이는 사람은 등을 보는 사람보다 착하다. 대개는 등을 보이는 자는 떠나는 사람이고, 등을 보는 자는 배웅하고 머무르는 사람이다. 등을 보이는 자는 등을 보는 자와 관련해서 자발적 희생자다. 등을 보이는 자는 먼저 버리고 비워서 초연하고, 등을 보는 자는 미처 버리지 못해 집착하는 자로 남는 다. 등을 보이는 자에게 등은 그 등을 보는 사람에게 보내는 그만 끝내자는 휴전협정 선언문이고, 등을 보는 자에게 등은 왜 가느냐 고, 가지 말라고 막고 싸워야 할 새로운 전선戰線이다. 등을 보는 자 가 등을 보이는 자를 향해 발포하지, 그 반대의 경우는 좀처럼 일어 나지 않는다.

그래서 등을 보이는 자는 하염없는 자고, 등을 보이는 자는 타 오르는 의욕과 의지의 소유자다. 흔히 등을 보는 자는 과욕을 분노 로 바꾼다. 등을 보는 자는 잔인해지고, 그 잔인성에 의해 대량학 살도 저질러진다. 뒷모습을 보이는 자는 모든 적들의 분노와 가해의 위협에 저를 송두리째 무방비상태로 내준다.

「뒷모습」은 이별을 기리는 시다. 시의 화자는 지금 떠나는 당신 과 마침내 돌아온다는 당신의 뒷모습을 그린다. 뒷모습은 곧 사라 질 존재의 잔영이다. 당신은 곧 떠날 것이고, 남은 자는 남아서 추 위와 어둠을 고스란히 안을 것이다. 떠난 당신의 뒷모습은 내게는 "한곳을 가리키며 떨리는 나침반"이다.

여기 "눈길에 찍힌 작은 목숨들의 발자국이/발자국에서 빗방 울로 빗방울에서 우주의 침묵으로/한통속으로 엉겨들어, 조그맣 게 얼룩이라도 되어/이 천지간의 물결들을 최선들을 비벼대서/숨결 이라도 일으키고 싶은" '나'는 그 나침반에 의지해 "온통 가득한 허 공을 밟고" 떠난 당신의 자취를 따라갈 것이다. 아프기는 당신도 매 한가지다. 그래서 떠나지 못하고 "눈부시게 눈부시게 떨리는 뒷모습"을 보이며 한없이 머뭇거리고, 또 그러는 당신을 뒤에서 바라보는 '나'는 "왜 그리 한없이 서 있냐고 물을 수 없"다.

그때 당신의 뒷모습은 말라버린 눈물이고, 꺼져가는 빛이며, 가 닿을 수 없는 아려雅麗이고, 행불자行不著의 마지막 모습이다. 당신이 내게 보여주는 등은 앞서 간 자의 전적典籍이고, 뒤를 따라가는 자의 벼랑이다. 저 뒷모습에는 환난을 대비하지 못하고 무너진 누군가의 마음이 고스란히 담겨 있으니, 자멸하는 마음의 경계에 당신의 등은 벼랑처럼 서 있다. "뒤편의 뒷맛"이라는 것은 그런 것이다. 그 당신 등의 슬하는 끝내 이루지 못한 사랑이고, 그 미완의 사랑이 불가피하게 불러온 피로와 무기력이다.

현명하게 기차를 타고
떠나는 방법

나는 먼지 쌓인 황금보다

황금빛 나는 먼지를 사랑해

이 가을의 한순간을 길게 늘여놓아도 좋아

현명하게 현명하게

기차를 타고 떠나는 방법은 없다

기차를 집 모양으로 만들어도

집을 나가고 싶은 사람은 집을 나가고

집을 옮기고 싶은 사람은 집을 옮길 것이다

목요일의 신선 달걀은 포기하고

떠날 수 있을까 기차를 타고 비행기를 타고

구름을 깔고 앉을까

가장 먼저 부패되어갈 것과

가장 오래도록 남을 것을 한 냉장고에 넣어두고

우리는 떠났다 우리의 황금 위에

이제 먼지가 쌓여갈 것이고

부유하는 먼지를 오래도록 쳐다보다 잠이 들고

잠이 들었다가 깨어나 창밖을 내다볼 것이다

구름을 깔고 앉았지만

유리창 바깥에는 우리가 없다

곧 달라질 것이다

그러나 그건 모르는 일

기차를 타고 돌아올 때까지

먼지와 같이 엉길까

엉기다 엉기다 무거워지면 가라앉을까

황금을 닦듯이 유리를 닦고

사과를 닦듯이 손을 닦고

돌아오지 않을 계절을 향해 잠깐 고개를 숙이고

이근화, 「목요일마다 신선한 달걀이 배달되고」, 『우리들의 진화』, 문학과지성사, 2009

2007년을 기준으로 날마다 245명이 태어나고 105명이 사망하고, 날마다 195쌍이 결혼하고 69쌍이 이혼하는 도시 서울! 수만 개의 골목길이 실핏줄처럼 뻗어 있고, 수십 만 마리의 배고픈 길고양

이들이 밤마다 울어대는 그 서울에서 나고 자란 소녀 중 하나가 시인이 되었다. 시인은 서울에서 살며 갖게 된 나쁜 기억과 좋은 기억을 섞어 시를 쓴다.

"살아남기 위해/우리는 피를 흘리고/귀여워지려고 해/최대한 귀엽고/무능력해지려고 해"「엔진」라고 노래할 때 이 깜찍한 어법에는 감정을 과장하는 소녀의 감수성이 여과되지 않은 채 드러난다. 어른이 되었지만 소녀의 감수성을 유지하는 것은 생존 전략이다. "우리는 이 세계가 좋아서/골목에 서서 비를 맞는다/젖을 줄 알면서/옷을 다 챙겨입고"「소울 메이트」라고 노래할 때 이근화의 시적 자아는 전혀 모호하지 않다. 옷이 젖을 줄 알면서도 비를 맞으며 즐거워하는 것은 이 세계가 제게 우호적이라고 확신하는 사람이 취하는 행동이다.

「목요일마다 신선한 달걀이 배달되고」는 낭만주의자의 목소리로 이곳에서 저곳으로 가고 싶다는 소망을 노래한다. 이 떠남을 추동하는 것은 신체의 지리적 이동이 아니라 미지의 존재 양식 찾기, 즉 순수한 현존을 향한 열망이다. "나는 먼지 쌓인 황금보다/황금빛 나는 먼지를 사랑해"라는 시구에 따르자면 떠나려는 곳은 먼지가 쌓이는 황금이고, 가려는 저곳은 황금빛 먼지가 이는 곳이다.

집을 떠나 어디론가 이동한다는 것은 익숙하게 누리던 편의와 안락을 포기하고 새로운 모험과 꿈을 선택하는 것이다. 이를테면 "목요일의 신선 달걀은 포기하고"가 말하는 것이 바로 그것이다. 서울은 목요일마다 신선한 달걀이 배달되는 도시다. 이 도시를 떠난다는 것은 목요일의 신선 달걀을 포기한다는 뜻이다.

가을의 쾌청은 그 순간을 길게 늘여놓고 싶어진다. 그런 가을 어느 날 여행을 떠난다. "가장 먼저 부패되어갈 것과/가장 오래도록 남을 것을 한 냉장고에 넣어두고", 집의 문을 잠그고, 공항이나 기차역으로 나간다. 우리가 공항과 기차역에서 가볍게 설레는 것은 그곳이 이쪽 세계에서 저쪽 세계로 넘어가는 문턱이기 때문이다.

장소와 삶은 하나다. 삶은 장소의 규정력으로 인해 제약되기 때문이다. 장소가 바뀌면 소리, 이미지, 느낌들은 바뀌고 아울러 존재는 쇄신된다. 이쪽을 떠나 저쪽으로 넘어가는 자는 이전과는 다른 존재로 바뀌는 것이다. 늘 먹던 밥, 늘 깨어나던 침실, 늘 마주치던 사람들, 늘 걷던 거리…… 이 모든 것들은 바뀐다. 모든 여행의 궁극적 꿈은 다른 장소에서 다른 삶을 살아보고 싶다는 열망과 닿아 있다. 낯선 장소, 낯선 시간 속에서 우리의 자아를 덧씌우고 있던 낡은 껍질이 벗겨지면 우리는 변태變態를 한다.

시인은 우리가 곧 달라질 것이라고 말한다. "구름을 깔고 앉았지만/유리창 바깥에는 우리가 없다/곧 달라질 것이다/그러나 그건 모르는 일/기차를 타고 돌아올 때까지". 우리는 달라지겠지만, 집은 달라지지 않을 것이다. 그것이 달라지지 않을 것이라고 믿기 때문에 우리는 안심한다. "우리는 떠났다 우리의 황금 위에/이제 먼지가 쌓여갈 것이고/부유하는 먼지를 오래도록 쳐다보다 잠이 들고/잠이 들었다가 깨어나 창밖을 내다볼 것이다". 떠나온 곳은 황금 위에 먼지가 쌓여가는 곳이고, 우리가 찾아가는 곳은 황금의 먼지들이 부유하는 곳이다. 시의 화자는 두 장소를 견주며 후자를 더 사랑한다고 말한다.

먼지가 내려앉는 황금은 유동성이 없고 고착성이 강한 장소와 관련되는 은유다. 되풀이와 변화없음은 곧 지루함과 권태를 불러온다. 황금빛 나는 먼지가 있는 곳은 순수한 현존의 자리, 즉 유동성이 풍부하고 변전으로 꿈틀대는 멋진 장소를 가리키는 은유다. 늘 새롭고 변화가 많은 곳은 존재 자체를 생생하게 만든다.

이근화의 새 시집을 읽으며, 나는 서울이 "춤추는 바보와 술 취한 망종"오장환, 「병든 서울」들로 들끓는 도시만이 아니라, "외로운 자들이 자꾸 명랑해지는 이유를 하루 종일 생각"「우리들의 진화」하고, "원피스 속에 갖출 것은 다 갖췄는데/사람들이 날 무시해"「원피스」라고 토라지는 소녀들의 도시라는 걸 알았다. 이근화의 시적 화자들은 소녀들이다. 서울은 그 소녀들이 이야기 꽃을 피우고 춤추는 무대며, 실존의 발원지다.

청바지를 입으면 기분이 좋아지고, 비의 냄새를 훔치며, 핫도그의 기원을 이야기하고, 최대한 귀여워지려고 노력하는 소녀들! 소녀들은 제 감정에 한껏 도취된 명랑성으로 세계를 바라본다. 그 명랑성이 소녀들로 하여금 이 복잡하고 불가사의하게 커지는 도시를 좋아하도록 만든다. 소녀들에게 소중한 것은 이념이나 견고한 도덕이 아니라 저만의 취향, 혹은 기분이다. 그래서 "아무도 하지 않는 것을 할 때/테이블처럼 즐겁고 반듯해지는 기분"「옛날 버터 케잌」을 느끼고, "청바지를 입는 것은 기분이 좋다"「청바지를 입어야 할 것」라는 진술이 나온다.

"나는 내 인생이 마음에 들어"「나는 내 인생이 마음에 들어」라고 말하는 소녀들은 햇빛을 받고 광합성 작용을 하며 맛있는 서울을 쪽쪽 빨아들이고 나날이 푸르러진다. 소녀들의 팔다리가 나날이 길어지고 아파트도 쑥쑥 자라난다. 육백 살도 더 먹은 늙은 서울은 꽃처럼 피어나며 진화하는 이 명랑한 소녀들 때문에 해마다 회춘回春하며 새로운 봄을 맞는다.

아직도 먼 봄,
이미 아프다

날이 맑다
어떤 맑음은
비참을 낳는다

나의 비참은
방을 깨놓고 그 참담을 바라보는 데 있는 것이 아니라
그 광경이, 무엇인가에 비유되려 한다고 생각하는 순간 몰려온
것이다
너무 많은 얼굴과 너무 많은 청춘과 너무 많은 정치와 너무 많
은 거리가 폭우처럼 쏟아져 들어오는 것이다
무엇보다도 밝게 밝게 나의 모습이, 속물근성이, 흙탕물이 맑
은 골짜기를 쏟아져 나오듯

그러고도
나의 비참은 또 다른 지하 방을 수리하기 위해 벽을 부수고 썩
은 바닥을 깨쳐 들추고 터진 하수도와 막창처럼 드러난 보일러 비닐
엑셀 선의 광경과 유래를 알 수 없는 얼룩들과 악취들이 아니고

해머를 잠시 놓고 앉은 아득한 순간 찾아왔던 것이다

그 참담이 한꺼번에 고요히 낡은 깨달음의 화두話頭가 되려 한다는, 사랑도, 꿈도, 섹스도, 온갖 소문과 모함과 죽음, 저주까지도 너무 쉽게, 무엇보다 나의 거창한 무지無知까지도 너무 쉽게 깨달음이 되려 한다는 것이다 나의 비참은

나의 두 다리는 아프고
어깨는 무너진다

방바닥을 깨고 모든
견고堅固를 깨야 한다는 예술 수업의 이론이 이미 낡았다는
시간의 황홀을 맛보는
비참이 있었다

아직도 먼 봄, 이미 아프다
나의 방은 그 봄을 닮았다
나의 비참은 그토록 황홀하다

장석남, 「방을 깨다」, 『미소는 어디로 가시려는가』, 문학과지성사, 2005

장석남은 인천에서 배를 타고 들어가는 덕적도에서 나고 자란

사람이다. 언제 그이를 처음 보았을까. 1990년 언저리였을 것이다. 그이가 서울 동숭동에 있던 열음사 편집부에 앉아 있던 시절이다. 키가 크고 훤칠한 미남자였던 그이를 보는 순간 이상하게도 그 맑은 눈동자에서 나는 외딴집 냄새, 방랑의 기질, "늦둥이 송아지 눈매에 앉힌 낮달"「돌멩이들」을 엿보았다.

그이가 영화감독과 어울린다는 소문이 들리고, 성철 스님의 일대기를 그린 영화 주인공으로 발탁되었다는 소문도 잇달았다. 어느 날인가는 티브이의 한 드라마에서 얼굴을 내밀기도 했다. 그게 다 그이의 방랑 기질 때문이려니, 했다. 양평 시골에 집을 짓고 들어앉아 가야금을 뜯거나 돌에다 문자를 새기고, 눈 쌓인 밤에는 쌓인 눈의 무게를 이기지 못한 소나무의 여린 가지들이 뚝, 뚝 제 관절을 부러뜨리는 소리나 듣고 있다는 소식도 바람에 실려 왔다. 그게 다 그이의 눈동자에 들어 있던 외딴집 냄새려니, 했다.

장석남의 시세계는 약하고 여리고 가는 것들로 채워져 있다. 금세 마르는 눈물, 고양이 눈같이 새파란 달, 썰물과 모래톱, 뒹구는 돌멩이, 짧게 들리다 마는 새소리, 국화꽃 그늘, 살구나무들이 뿌리를 가지런히 하는 소리, 해살거리다 곧 사라지는 봄빛, 잔광, 아지랑이, 빗소리, 꽃진 자리, 뱃고동 소리, 멧새가 앉았다 날아간 나뭇가지…… 그래서 장석남의 시는 노래가 아니라 속삭임이요, 영원한 단조음이요, 한숨이다.

장석남은 "새로 모종한 들깨처럼 풀 없이 흔들리는/외로운 삶"「자화상」을 사랑하는 시인이다. 어쩔 수 없는 그이의 기질이다. 장석남의 시집 중에서 『젖은 눈』솔, 1998을 가장 좋아한다. "이 세상에/살구 꽃이 피었다가 졌다고 쓰고/복숭아꽃이 피었다가 졌다고 쓰고/꽃이 만들던 그 섭섭한 그늘 자리엔/야윈 햇살이 들다가 만다고"「꽃이 졌다는 편지」 쓰던 고요하고 여린 것들로 향하는 그이의 기질과 취향, 마음과 그 자취가 이 시집에 고스란히 들어 있다.

「방을 깨다」란 시는 사유를 자극하는 시다. 시인은 방을 깬다. 해머로 "벽을 부수고 썩은 바닥을 깨쳐 들추고" 오랫동안 견고함 아래에 숨어 있던 실상을 만천하에 드러낸다. 시인이 방을 깨고 마주친 것은 참담함이다. 그 참담함은 깨진 방의 어수선한 광경들이 "무엇인가에 비유되려 한다고 생각하는 순간" 몰려온다. 방과 깨다, 라는 행위와 비참에 대한 은유의 관능으로 이 시는 제법 풍요롭다. 방을 보존하고 머무는 자는 방을 대지삼아 경작하는 자다. 대지를 경작함으로써 대지로 귀속되는 농경 정착민과 마찬가지로 방을 경작하는 자들은 방에 귀속되어 살아간다. 정착민들은 국가·민족·국토의 일부로 스스로를 영토화한다.

반면에 방을 깨는 자들은 방이라는 영토에서 달아나는 자다. 그들은 도주의 선을 타고 바깥으로 달아난다. 달아남으로써 스스로를 탈영토화하는 것이다. 혈통·가족·집을 버리고 대지를 떠도는 이들은 유목민, 이방인, 수행자들, 도둑, 음유시인들로 명명된다. 방을 깨는 자들만이 새로운 방을 만든다. 파괴/생성은 한 몸이다. 파괴하지 않는 자는 만들지도 않는다. 「방을 깨다」는 방을 깨는 공간적 사태를 지각적 사태의 은유로 바꾸며 나아가는 마음의 자취를 보여준다.

우선 방이란 무엇인가? 방은 은밀한 사생활의 공간이다. 자아의 거처, 영혼이 머무는 시공간이며, 사적 체험, 몽상, 기질, 취향이 있는 그대로 드러나는 곳이 방이다. 영혼은 볼 수 없지만 그 사람이 사는 방을 보면 그 사람의 영혼이 보인다. 개인의 방은 오로지 자아를 위한, 자아만의 공간, 자아가 독점적인 영유권을 주장하는, 타자의 권력이 미치지 못하는 신성불가침의 구역이다. 그런 까닭에 방은 타자의 도덕과 윤리학이 틈입하지 못하는 개인의 도덕과 윤리학이 꽃피는 공간이다.

사르트르는 이렇게 말한다. "인간은 자기 자신이 아닌 다른 입법자를 갖지 않는다." 내 삶의 입법자가 나일 수밖에 없듯 방의 거주자가 곧 방의 입법자다. 방은 몸으로 채워진 공간이다. 대개의 방들은 노동이 아니라 휴식과 재충전의 공간이다. 시인은 방을 해머로 깨는데, 시인이 깬 것은 아집에 빠진 마음이라는 감옥이고, 거짓된 자아의 방이다. 방을 깬 뒤 비참과 만나는 것은 그런 까닭에서다.

나의 비참은

방을 깨놓고 그 참담을 바라보는 데 있는 것이 아니라

그 광경이, 무엇인가에 비유되려 한다고 생각하는 순간 몰려온

것이다

깨다 : 파경破鏡, 파혼破婚, 파계破戒, 파산破産, 파탄破綻, 파기破棄, 파과破瓜, 파열破裂, 파흥破興…… 따위의 어휘들은 다 '깨다'라는 뜻을 머금고 있다. 깸은 이미 두터움을 이루고 있는 것, 혹은 온전

한 상태를 잃는 것이다. 깨는 것은 파괴이자 해체요, 자기부정이다. 방을 깨는 행위는 그 방에 안주하지 않겠다는 것이며, 그 방에서 이루어지는 실존을 바꾸겠다는 뜻이다. 왜 방을 깨는 것일까? 방은 나라고 확신하는 자아상, 혹은 한 소식을 들은 선사禪師와 같이 내가 도달했다고 믿은 어떤 진경, 만법유식萬法唯識의 표상이다.

이 시의 화자는 그걸 깨달음이라고 생각했는데, 깨달음이라고 한 순간 그것은 깨달음이 아니다. 방을 깨고 난 뒤 만난 것은 비참이다. '비참'의 내용들은 무엇인가? 방을 깨자 드러난 "하수도와 막창처럼 드러난 보일러 비닐 엑셀 선의 광경과 유래를 알 수 없는 얼룩들과 악취들"은 비참의 진짜 실상이 아니다. 이것들은 비참의 표층일 뿐 진정한 비참의 내용들이 아니다. 진짜 비참은 나중에 인식으로, 깨달음으로 온다.

해머를 잠시 놓고 앉은 아득한 순간 찾아왔던 것

방을 깨자 그 두터운 바닥 아래에 있던 너무 많은 얼굴, 너무 많은 청춘, 너무 많은 정치, 너무 많은 거리, 나의 모습, 속물근성 따위가 "흙탕물이 맑은 골짜기를 쏟아져 나오듯" 나온다. 방을 깨던 해머를 잠시 내려놓은 그 휴식의 순간에 비참의 심층이 나를 홀연 덮쳐 온 것이다. 번개와 같이 한 깨달음이 인식의 지평을 꿰뚫고 지나가는 이 순간은 어떤 순간일까? 니체는 "보라, 나는 항상 스스로를 극복해야 하는 존재이다"라고 말한다. 바로 그 순간, 스스로를 극복해야 하는 존재라고 깨닫는 순간이 아닐까? 다시 니체는 말한다.

"창조하는 자들이여, 너희들의 삶에는 쓰디쓴 죽음이 무수히 많아야 한다." 무수히 많은 죽음을 거친 뒤에야 새로운 탄생이 있다.

시인은 방을 깬 뒤에 사랑, 꿈, 섹스, 소문, 모함, 죽음, 저주 따위는 물론이고 거대한 무지까지도 깨달음이라고 주장하는 파렴치한 상황, 그것이 비참의 심층이라는 걸 알아버린다. 아무 깨달음도 없이 깨달음의 연기만을 하고 있다는 자각은 부끄러움을 불러온다. 방을 깨고 보니, 그동안 화두를 붙잡고 있는 시늉만 하고 있었던 것. 그 반성은 통렬하다.

아직도 먼 봄, 이미 아프다
나의 방은 그 봄을 닮았다

봄은 씨앗과 싹들이 땅 거죽을 깨고 밖으로 밀려나오고, 나무의 잎눈들은 나뭇가지를 찢고 한사코 밖으로 잎눈을 내미는 계절이다. 숨어 있던 것들이 깨고 찢고 밖으로 밀려나온다는 점에서 봄과 방을 깨는 것은 하나의 은유적 맥락에서 만난다. 안다는 것이야말로 무지의 발로이고, 올바르다는 확신이야말로 그릇됨이고, 깨달았다는 생각이야말로 몽매함이다. 시인은 얼룩과 악취로 범벅이 된 방을 깨고 난 뒤 비로소 그런 사실을 깨닫는다. 제 마음을 보려는 자들은 마음을 깨라. 방을 깼으니, 새 방을 들이거나 해야 한다. 시인의 마음은 이미 깨버린 방과 돌아가 몸을 눕혀야 할 저 먼 곳의 새 방 사이에서 서성인다.

있던 방은 깨버렸으나 있어야 할 방은 아직 멀리 있다. 시인이

흠모하고 들고자 하는 방은 "쾌적한 정신의 거처"「창(窓)을 내면 적(敵)이 나타난다」, 대오大悟와 견성見性이 머물 만한 방이다. 꾸밈이 없는 무위자연無爲自然과 갓난아기로 되돌아간 사람, 그리고 일자무식인 육조 혜능만이 새 방을 가질 만한 사람이다. 묵은 방과 새 방의 사이에서 시인이 하는 것은 딴청과 시늉이다. 시인은 딴청과 시늉을 하며 더러는 시 몇 편도 남길 것이다.

청춘의 망명정부가
있다면,

저 숲속 깊은 곳으로 가면 무가당 담배 클럽이 있다네, 어떤 사람들은 그걸 애연가 클럽으로 알고, 또 어떤 사람들은 담배를 끊으려는 금연 동맹 정도로 아는데, 무가당 담배 클럽은 도심에 호랑이를 풀어놓기 위한 시민 연합과 차라리 그 성격이 비슷하다네, 얼음이 물이 되고 종달새가 우는 봄이 오면 무가당 담배 클럽에서는 무슨 일이 일어나고 있나, 아는 사람은 다 알지, 무가당 담배 클럽에서 봄을 맞이하여 첫 번째로 하는 일은 지난 겨울 클럽에서 읽던 책들을 절구통에 넣고 빻아서 떡을 만들어 먹는 일, 겨우내 얼어붙었던 얼음 맥주의 강을 망치로 부수어 마시는 일 그리고 그 강물 속에서 술에 절어 겨울잠을 자던 술고래들을 낚시하는 것, 그렇다면 술고래들의 겨울잠이 무가당 담배 클럽에 무슨 해를 끼치기라도 했단 말인가, 그렇지는 않지만 얼음 맥주의 강에서 얼음장을 깨고 술고래들을 낚는 일은 너무나 재미있는 일이라네, 술고래들을 운반하기 위하여 무가당 담배 클럽의 마을에는 기차가 드나드는 작은 역도 하나 생겨났지, 하루에 두 번 기적을 울리며 기차가 들어올 때면 술고래들은 잠에서 깨어나 펄쩍펄쩍 뛰지, 그러나 이미 때는 늦은 거라네, 술고래들은 아마 도시로 팔려나가 사람들을 위해 얼음 맥주의 호수를 망치로 부수는 일을 하겠지, 더러는 커다란 수족관 같은 데서 술 마시고 담배 피지, 더러는 커다란 수족관 같은 데서 술 마시고 담배피우는 연기를 하기도 하겠지, 무가당 담배 클럽에서는 올해도 상당한 숫자의 술고래를 도시와 계약했다니, 얼음이 물이 되는 봄이 오면 무가당 담배 클럽의 술고래 낚시가 더욱 바빠지겠네.

박정대, 「무가당 담배 클럽에서의 술고래 낚시」, 『내 청춘의 격렬비열도엔 아직도 음악 같은 눈이 내리지』, 민음사, 2001

밥 딜런의 노래와 장만옥의 영화와 무라카미 하루키의 소설들과 체 게바라와 페루와 카뮈의 오랑과 로맹 가리를 사랑하는 청년은 독도로 향하는 선박 안에서 우울한 얼굴을 하고 있었다. 배는 동해의 거친 파도에 흔들리고 있고, 그 안에서 "밥 딜런의 노래 듣고 싶어, 전속력으로 차를 몰아 42번 국도를 지나왔다"「열두 개의 촛불과 하나의 달 이야기」고 노래했던 시인은 소주로 달아오른 얼굴로 연신 담배를 피웠다. 나는 굳이 검은 수염이 덥수룩한 그에게 꿈을 묻지 않았다. 왜냐하면 묻지 않아도 알 수 있었기 때문이다. 아직 젊었음에도 불구하고 피로에 지친 그의 얼굴은 너무나 많은 꿈을 꾸는 자들이 지닌 질병들, 즉 꿈의 폐허를 보여주었다. "한때 나의 꿈은 저 불란서의 뒷골목에나 가서 푸른 눈의 여자와 놀다가 객사하는 것 // 또 한때 나의 꿈은 아무도 모르는 고장에 가서 포플러의 그림자처럼 조용히 살아가는 것"「집으로 가는 길」.

　박정대는 "무가당 담배 클럽"의 회원이고 "피의 적군파" 같은 얼굴로 웃었다. 그는 모든 길 위에 있었고, 동시에 그 어디에도 없었다. "불꽃의 선線, 끝없이 움직이는, 일렁이는/발광하는 생生"이었기에 어디에도 안주할 수 없다. 단 한 번의 사랑과 불멸의 음악을 꿈꾸는 청춘은 어디서나 고달프고 어디서나 고독하다. 스무 살이기 때문에 청춘이 아니라 꿈을 찾아 방황하기에 청춘인 것이다. 피로와 고독 속에서 제 불행의 지도를 넓히는 이들이 바로 방황하는 청춘들이다. 사랑을 잃고, 새로운 사랑이 오기 전까지, 백 년 동안의 고독에 빠진 청춘들은 "간짜장처럼 쏟아지는 어둠"을 비비면서 고작해야 "내 청춘의 격렬비열도엔 아직도 음악 같은 눈이 내리지"「음악들」라고 중얼거릴 뿐이다.

　박정대의 시들은 청춘의 재담과 경구들, 그리고 청춘의 아름다운 이미지들로 가득 차 있다. 그의 시들은 끝없이 펼쳐진 황량한 벌판의 한쪽을 가녀리게 붙잡는 유목민의 악기인 마두금馬頭琴 선율과 닮아 있다. 조금은 슬프고, 조금은 고독하고, 조금은 우울하다. 그의 상상력이 지칠 줄 모르는 상심과 저항의 급류와 희망없는 기다림에서 발효되기 때문이다. 그의 시들은 리듬을 절제하기보다는 난만하게 풀어헤치고, 규범의 당위를 따르기보다는 무규범적으로 자유롭다. 그것이 젊음과 낭만의 생태학적 인식을 노래하기에 적당하기 때문이다.

　　"무가당 담배 클럽"은 "우연의 음악이 바람의 국경선을 넘나드는 곳"「무가당 담배 클럽과 바람의 국경선」에 있다. 그 클럽에는 무국적자, 이탈자, 무정부주의자들로 붐빈다. 시인은 술꾼들과 지독한 애연가들을 회원으로 받는 그 클럽의 핵심 요원이다. "무가당 담배 클럽"을 차라리 청춘의 망명정부라고 해두자. 그곳의 봄맞이 행사는 "지난 겨울 클럽에서 읽던 책들을 절구통에 넣고 빻아서 떡을 만들어 먹는 일, 겨우내 얼어붙었던 얼음 맥주의 강을 망치로 부수어 마시는 일 그리고 그 강물 속에서 술에 절어 겨울잠을 자던 술고래들을 낚시하는 것"이다. "무가당 담배 클럽"의 회원들은 봄에서 시작하여 가을까지 줄기차게 술을 마시고 스스로 맥주의 강으로 흐른다. 겨울이 되면 그 강은 얼어서 "얼음 맥주의 강"이 된다. 봄이 되면 클럽의 회원들은 망치로 얼어붙은 얼음 맥주의 강을 깨고 마신다. 해마다 그러기를 되풀이하는 것이다.

　　"무가당 담배 클럽"은 술고래들의 인공 낙원이다. 술고래들은 술이 불러오는 취기 속에서 그들의 천국을 본다. 술과 담배는 나이든 자에게는 여러 취향 중의 하나이지만, 젊은 자들에게는 생존의 불안과 고달픔을 해소하는 유일한 기호가 된다. 왜 질풍노도 시기의 젊은이들은 그토록 술에 기대는가? 술은 불안에 지치고 미래에 절망한 자의 가슴을 뛰게 하는 노래며 피를 덥히는 기쁨이기 때문이다. 보들레르는 유리 감옥에 갇힌 포도주의 혼이 박복한 인간들에게 빛과 우애의 노래를 들려준다고 말한다. 포도주는 반은 한량이고 반은 군인의 영혼을 가졌다. 그것은 얼어붙은 슬픔은 녹여주고 사랑과 영광은 무럭무럭 자라게 한다. 들어보라, 술의 자부심 넘치는 노래 소리를.

"들리시오, 내 안에서 옛날의 힘 있는 후렴, 사랑과 영광의 노래가 용솟음치며 울려 퍼지는 소리가? 나는 조국의 영혼이며, 반은 한량, 반은 군인이라오. 나는 일요일의 희망, 노동은 번영의 나날을 일구고, 나는 행복한 일요일을 만들어 준다오"보들레르 외, 『포도주 예찬』.

클럽의 회원들은 이 취기의 연대 속에서 우정을 다지고, 마오와 체의 생애를 흠모하고 기린다. 사랑을 원하나 사랑을 얻는 법을 모른다. "누군가 나에게 묻는다, 사랑을 하려면 어떻게 해야 하지요/나는 대답한다, 백 년 동안 고독해지세요"「버찌는 벚나무 공장에서 만든다」. 술이 깬 뒤의 청춘은 초조한데, 시인은 그 초조함의 근거를 이렇게 밝힌다. "너무 빨리 완성되었다, 아직은 때가 아니다"「음악들」. 완성은 때가 되기도 전에 너무 빨이 와 버렸다. 이 어긋남, 너무나 많은 우연의 불일치들이 생을 망쳐버린다. 청춘은 그 불길한 징후들과 싸우는 시기다. 그 싸움의 도구들이 담배와 술이다. 청춘은 담배와 술의 힘을 빌어 문지방을 넘는다. 그 문지방을 넘지 않고는 도달할 수 없는 게 청춘이다. 시인은 견고한 것, 아울러 고독의 문턱이다. 시인은 이렇게 노래한다, "고독이 이렇게 견고할 수 있다니/이곳은 마치 바다의 문지방 같다"「사곶 해안」.

사랑과 혁명도 그 문지방을 넘어서야 한다. 모든 진경은 문지방을 넘어야 비로소 도달할 수 있다. 그 문지방을 넘어서면 "또 다른, 생의 긴 활주로를 하나 갖게 되리라"고 말한다. 그 활주로에서 우리

가 할 수 있는 것은 무엇인가. 순간과 영원 사이에서, 소멸과 영겁회
귀 사이에서, 청춘을 지나 어른이 되는 것이다. 이륙한다는 것은 권
태와 우울을 먹고 무럭무럭 자라, 어느 날 갑자기, 날아올라 기성세
대의 일원에 소속되어버리는 것이다.

청년은 울지 않는다,
다만 청년 안에서 소년이 운다

1

티셔츠에 목을 넣을 때 생각한다

이 안은 비좁고 나는 당신을 모른다

식탁 위에 고지서가 몇 장 놓여 있다

어머니는 자신의 뒷모습을 설거지하고

벽 한쪽에는 내가 장식되어 있다

플라타너스 잎맥이 쪼그라드는 아침

나는 나로부터 날카롭다 서너 토막 나는

이런 것을 너덜거린다고 말할 수 있을까

2

티셔츠에 목을 넣을 때 생각한다

면도를 하다가 그제 벤 자리를 또 베였고

아무리 닦아도 몸에선 털이 자란다

타일은 오래되면 사람의 색을 닮는구나

베란다에 앉아 담배를 피우는 삼촌은

두꺼운 국어사전을 닮았다

얇은 페이지가 빠르게 넘어간다

뒷문이 지워졌다 당신, 찾아올 곳이 없다

3

티셔츠에 목을 넣을 때 생각한다

간밤 당신 꿈을 꾼 덕분에

가슴 바깥으로 비죽이 간판이 하나 걸린다

때 절은 마룻바닥에선 못이 녹슨 머리를 박는 소리

당신을 한 벌의 수저와 묻는다

내가 토닥토닥 두들기는, 춥지 않은 무덤

먼지의 뒤꿈치들, 사각거린다

유희경, 「티셔츠에 목을 넣을 때 생각한다」, 『오늘 아침 단어』, 문학과지성사, 2011

　누군가는 죽는데, 누군가는 살아서 죽은 이를 애도한다. 애도의 시간들은 현재를 끊임없이 유예하면서 그 자리에 어떤 가정假定의 시간들을 들여놓고 생각하며 사는 것이다. 그 가정의 시간들 속에서 산 자들은 밥도 먹고 동물원으로 소풍도 가고 연애를 하고 잠도 잔다. 여전히 봄이 오고, 여름이 오고, 가을이 오고, 겨울은 온다. 그런 계절의 순환 속에서 애도의 슬픔에서 깨어나지 못한 시의 화자는 산 자들을 "죽일 년놈들이 되어 잠든 우리"「공중의 시간」로써

되돌아보게 한다. 그렇다고 죽은 자가 남긴 부재의 공허가 사라지는 것은 아니다. 삶은 그것과 함께 흐른다.

산 자들은 죽은 자가 남긴 고아들이다. 나이가 들면서 이 고아들은 내면으로 들어가 칩거한다. 우는 것도 속으로만 운다. 헤쳐 나갈 수 없는 불행의 느낌들, 혹은 누구도 손을 내밀지 않는 내면의 절대고독 속에서 "산다는 것은 속으로 이렇게 조용히 울고 있는 것" 신성림, 「갈대」에 깊이 공감한다면 당신의 내면에도 고아가 살고 있다는 증거다. 울음은 내면을 꽉 채운 불행을 밀어내고 그 빈자리를 씻어 내는 무의식의 제의祭儀다. 벗어나기 위한, 치유를 위한 "지금은 내가 나를 우는 시간" 유희경, 「금요일」!

「티셔츠에 목을 넣을 때 생각한다」는 아버지가 부재하는 풍경을 보여준다. 어머니, 삼촌, '나'는 있는데, 아버지의 모습은 없다. 아버지는 어디에 갔는가? 아버지는 죽었나 보다. 아버지는 "아버지의 기호"로 변해 있고, '나'와 아버지 사이에는 이만 헥타르쯤의 운동장이 넓게 자리 잡고, 이따금 알약 반 개 같은 씨앗을 심지만 자라는 것은 없다고 말한다. 아버지는 없고 아버지와 캐치볼을 하던 기억만 생생할 때, "방금 불어온 바람을 등지고 어리고 슬픈 내가 공을 주우러 뛰어간다 당신은 누구인가 이 글러브는 누구의 가죽이고 날아가는 것을 보면 왜 소리를 지르고 싶어지는가" 「지워지는 지도(地圖)」라는 물음 앞에 자기를 세우게 된다.

아버지의 부재가 드리운 그늘들이 넓게 드리운 자리에 산 자들의 일상이 있다. 어머니는 말없는 뒷모습을 보이며 설거지를 하고,

삼촌은 베란다에서 담배를 피운다. 나는 면도를 하다가 벤 자리를 또 베이고, 몸에 자라는 털은 깎아도 또 자란다.

티셔츠에 목을 넣고 입는 것은 청년이다. 청년 안에는 울고 있는 소년이 있다. 소년은 쪼개진 어른이 아니다. 소년은 그 자체로 완성된 우주, 진정한 인간이다. 그 소년의 때를 지나서 그제 벤 자리를 다시 베면서 면도를 하는 청년이 되었지만, 그의 내면에는 여전히 소년이 있다. 소년은 "아버지, 두고 간 얼굴을 주웠을 때 그것은 떨어뜨린 면도칼처럼 차가웠다"「소년 이반」는 사실을 알아버렸다.

아버지를 잃는다는 것은 무의식에서 「낮장의 시간들」에서 얼핏 보이는, 분리불안分離不安 : "너의 헐벗은 두 팔이 검게 타오르도록 내버려두고"이나, 유기공포遺棄恐怖 : "세상이 검게 변하는 순간에 아무것도 없고 너만 있고"의 기원이 될 수도 있다. 즉 근원적 상처가 된다는 뜻이다. 아버지의 죽음으로 사랑하는 자를 잃고 사랑받을 수 없는 자가 되어버린 소년의 트라우마는 그렇게 생겨난다. 부재자는 그의 부재로써 소년을 붙잡고 놓아주지 않는다.

어느 날 문득 "아무리 닦아도 몸에선 털이 자"라고, "타일은 오래되면 사람의 색을 닮는"다는 걸 깨닫는다. 시의 화자는 끝없이 자라는 털에 대한 가벼운 염증, 그리고 오래된 타일의 변색에서 "사람의 색"을 발견하는데, 그 발견은 사는 것에 기필코 달라붙은 누추함과 비루함을 각인시키고, 그것이 무의식의 층위에서 죽은 자의 순결함에 견줘지면서 그것이 산 자가 감당해야 할 몫이라는 걸 되새기게 한다. 티셔츠에 목을 넣는 행위는 사소한 일상을 이루는 한 요소다. 그 사소한 행위에 빌붙는 생각들이 시인은 거기서 "한 벌의 수저와 묻"은 아버지에 대한 기억을 불러오고, 죽은 아버지의 기억에 눌린 한 집안의 기이한 침울과 공허를 폭로한다. 이 집의 실내에 부유하는 "먼지의 뒤꿈치들"이 침울과 공허를 밟는 소리만이 사각거린다.

유희경의 첫 시집 『오늘 아침 단어』는 눈물에 젖어 축축하다. 그 축축함에 습기를 더하는 문장들. "아무도 울지 않는 이런 날엔 또 모두가 울고/날아간 것은 새들의 아득한 꿈이었을지도/젖어가는 것은 속속들이 빗물이었을지도"「우산의 고향」, "시간이 지날수록 귀에는 낡은 흔한 울음이, 알 수 없는 애를 쓰며 매달려 있었다"「소년 이반」, "서늘하다 달래기 힘든 아이가 울기 때문에"「검은 고요」, "소년이 울고 있었다/누구도 들어보지 못한 소리로/눈물은 떨어지고 있었다"「소년」, "내가 소리 내어 울고 있다"「나이 어린 조각들」, "울며 말했다 울음이 말을 막고 말이 울음과 섞여서 한마디도 알아들을 수 없는 그 소리가 나를 잡아당겼다"「불행한 반응」, "허공에 대고, 울어놓은 자리마다 흔적이 생겼다"「닿지 않은 이야기」.

자기 울음소리에 조용히 귀를 기울이는 소년들. 소년들의 귀에는 늘 울음이 매달려 있다. 눈물은 "선홍빛 비"로 내려 범람하고 소년은 오래 물속에 있기도 한다「소년」. 그 울음은 아버지의 죽음과 잇대어 있다. 청년은 울지 않는다. 다만 청년 안에 있는 소년들이 운다. 그 울음은 끈질기다. 그 소년은 유희경의 어린 시절을 가리키는 것일까. 세월이 많이 흘렀을 텐데, 유희경 시의 화자들은 아직도 그 울음 속에 있다. 한 죽음이 남긴 상처가 그만큼 깊고, 아직도 치유 과정이 필요하기 때문일까.

나는 무엇이고,
어디에서 와 어디로 가는가

꽃 피운 앵두나무 앞에 나는 오래도록 서 있다

내가 지금 꽃나무 앞에 이토록 오래 서 있는 까닭은

누구에게 물어보아야 할까

부암동 백사실白沙室은 숲 그늘 깊어

물 없고 풀만 파릇한 연못과 돌계단과 주춧돌 몇 남아 있는 곳

한 나무는 꽃을 가득 피우고 섰고

꽃이 듬성한 한 나무는 나를 붙잡고 서 있다

이쪽 한끝과 저쪽 한켠의 아래 서 있는

두 그루 꽃 피운 앵두나무는

나를 사이에 두고 멀찍이, 아주 가깝지 않게 떨어져 있는데

바람 불면 다 떨구어버릴 꽃잎을 위태로이 달고 섰는

듬성듬성한 앵두나무 앞에서 나는

멀거니 저쪽 앵두나무를 바라보네

숨은 듯 있는 별서의 앵두나무 두 그루는

무슨 일도 없이 꽃을 피우고 있네

한 나무는 가득, 한 나무는 듬성듬성

나는 두 나무 사이의 한 지점으로 가서 가까운 꽃나무와
먼 꽃나무를 천천히 번갈아 바라보네
앵두가 열리려면 저 꽃이 다 떨어져야 할 텐데
두 그루 앵두나무 사이에 오래 서 있고 싶은 까닭을
나는 어디에 물어야 할지
무슨 부끄러움 같은 것이 내게 있는지 자꾸 물어본다

조용미, 「나의 별서에 핀 앵두나무는」, 『나의 별서에 핀 앵두나무는』, 문학과지성사,
2007

몇 번 사적인 자리에서 만나 본 조용미 시인은 속은 어쩐지 모르겠으나 매우 조용한 사람이다. 마음은 눈으로 볼 수 없고 만질 수 없는 환영幻影이다.

한 선사禪師의 얘기다. 제자가 "제 마음이 어지럽습니다. 어떻게 하면 마음을 고요하게 할 수 있습니까?"라고 보리달마에게 물었다. 보리달마가 "어디, 네 마음을 여기에 꺼내 보아라. 그러면 내가 고요하게 하겠노라"고 했다. 오래 침묵하던 제자는 제 마음이 어디에 있는지 찾을 수 없다고 말했다. 다시 보리달마가 말했다. "이미 네 마음은 고요해졌노라!"

김포에 살다가 정릉으로 이사 와서 산다는 시인과 동숭동 언저리에서 점심 식사를 하고, 성북동으로 건너와 차를 마실 때도 그랬다. 시인은 가만가만 말하고, 웃을 때도 소리없이 웃는다. 그의 마음도 외면과 같이 고요할까.

『나의 별서에 핀 앵두나무는』을 받았을 때 맨 앞에 실린 시에서 시인의 자화상을 읽는다. "번개가 소나무를 휘감으며 내리쳤으나/나무는 부러지는 대신/번개를 삼켜버렸다/칼자국이 지나간 검객의 얼굴처럼/비스듬히/소나무의 몸에 긴 흉터가 새겨졌다/소나무는 흉터를 꽉 물고 있다"「소나무」. 번개가 내리쳤을 때 그 번개를 삼켜버린 소나무는 시인 자신이 그린 내면의 자화상이다. 겉은 고요해도 속은 번개를 삼킨 속이니 시끄러울 수도 있겠다. 아마 그래서일지도 모른다. 시인은 "내 몸은 티베트 사자의 서처럼 단번에 읽을 수 없는 책"과 같다고 말한다. 그래서 "풍경들은 나를 잘 읽지 못한다"「구름 저편에」고 말한다.

『나의 별서에 핀 앵두나무는』을 읽다가 백사실을 배경으로 하고 있는 시를 발견하고 반가웠다. 부암동 백사실, 하면 아득한 향수가 밀려온다. 백사실은 내가 어렸을 때 살았던 동네와 가까운 곳이라 내 발길이 닿은 장소다. 장소는 저마다 냄새와 감촉을 갖고 있다. 어린시절에 내가 겪은 백사실만의 기운과 기후와 바람, 그것들의 냄새와 감촉을 알고 있다. 내 삶은 무수한 장소들이라는 양피지 위에 기록된다. 내 어린시절 자하문 밖 둔덕은 온통 능금밭이었다. 철없던 시절에 그 능금밭에 들어가 주인 몰래 능금을 따곤 했었다.

　백사실은 백사 이항복의 별장이 있던 곳이라고 백사동천이나 백사실이라고 불렀다. 북악산에서 흘러온 물이 이 계곡을 타고 바깥으로 나가는데, 숲은 깊고 인적은 드문 한적한 곳이다. 백사실 계곡에는 물이 맑고 깨끗해서 도롱뇽이나 버들치, 가재와 같은 일급수 어종들이 살았다. 지금도 이 계곡에 버들치가 살고 있을까. 아마도 시인은 최근에 그곳을 다녀왔나 보다. 이젠 물이 다 말라버렸을까. 시인은 "물 없고 풀만 파릇한 연못과 돌계단과 주춧돌 몇 남아 있는 곳"이라고 한다.

　시인은 "꽃 피운 앵두나무 앞에 나는 오래도록 서 있다"고 쓴다. 그러나 왜 앵두나무 앞에 오래도록 서 있는지는 모른다. 왜 앵두나무 앞에 오래도록 서 있는가 라는 물음은 달마가 서쪽에서 온 까닭은 무엇인가 라는 물음과 같다. 수료는 마조에게 달마가 서쪽에서 온 까닭을 물었고, 마조는 수료에게 절을 하라고 이른 뒤 수료가 몸을 숙이자마자 그를 밟아버렸다. 그 자리에서 수료는 번쩍 하고 큰 깨달음을 얻었다. 몸을 일으킨 수료가 웃음을 그치지 못하고 박수를 치며 말했다. "놀랍군, 놀라워! 수백 수천의 삼매三昧와 무한한 묘한 이치가 깃털 하나에 그 뿌리와 연원을 두고 있다니요!"

　꽃을 피우고 섰는 앵두나무는 꽃을 다 떨군 뒤에야 앵두를 맺을 것이다. 맺힌 것은 반드시 떨어지고 떨어진 자리에는 새로운 맺힘이 있다. 바람이 불면 꽃과 잎은 우수수 땅으로 떨어진다. 떨어짐으로써 존재함을 마친다. 시인은 꽃 핀 앵두나무 앞에서 오래도록 서서 삼라만상에 작동하는 나타났다가 사라지는 그 이치를 씹고 있다. 꽃은 나무속에 숨은 생령生靈을 탈자적으로 드러내 보인다. 나무는 제 생령이 형태로 환원된 이 환한 꽃을 타고 죽음에서 도주한다. 아버지가 아들을 타고 죽음에서 도피하듯이.

아들은 아버지에게서 "탈영토화"들뢰즈한 결과이고, "동일한 것의 이원성"레비나스으로 나아감이다. 꽃은 나무를 가로질러 탈영토화한다. 꽃 핀 앵두나무는 세계의 충만함을 개시開示한다. 이 앞에 서 있는 사람은 부재를 딛고 하나의 현존으로 그 충만함에 대응한다. 이 충만함은 생명의 충만함의 순간이요, 아울러 무無로 충만한 순간이기도 하다. 시인은 직관으로 이 순간이 삶과 죽음이 교차하는 순간이라는 사실을 깨닫는다. 한번 온 것은 반드시 가고, 간 것은 다시 온다.

시인은 두 그루 꽃 피운 앵두나무 사이에 서 있다. 이곳은 한적한 곳이어서 사람도 없다. 꽃은 신성의 육화며, 생명의 분열이다. 하강의 운명을 품고 있는 꽃은 하나에서 둘로 달아나는 다리다. 꽃은 열매로, 열매는 다시 씨로 변화한다. 삶과 죽음은 변화함 속에서 이어져 있다. 시인은 이 변화함 속에 있는 가까운 꽃나무와 먼 꽃나무를 번갈아 바라보며 서 있다. 그냥 서 있는 것은 아니라 가슴에 화두를 안고 있다. 외생外生, 즉 지나가는 삶의 뜻을 묻는다. 나는 무엇이고, 어디에서 와서 어디로 가고 있는가. 시인에게 그를 밟아 호두껍질처럼 단단한 화두를 깨줄 마조 선사가 없다. 그래서 "두 그루 앵두나무 사이에 오래 서 있고 싶은 까닭을/나는 어디에 물어야 할지/무슨 부끄러움 같은 것이 내게 있는지 자꾸 물어 본다". 이것은 구애가 아닐까. 불가능한 존재를 향한 안타까운 구애의 몸짓이 아닐까.

"천사여, 내가 아무리 구애를 한다 해도 그대는 오지 않는다"라이너 마리아 릴케, 『두이노의 비가』, 「제7비가」. 유한한 생명이 느끼는 행복이란 영원이란 척도에서 보자면 하루살이의 행복에 지나지 않는다. 하루살이가 아무리 붕붕거린다 해도 겪지 않은 내일 저 너머를 알 수는 없다. 앵두나무가 꽃을 피운 뜻을 묻는 것은 미지, 그 알지 못함에 대해 묻는 것이고, 내가 존재함의 뜻을 묻는 행위다. 어느 해 봄 사람 없는 한적한 백사실 계곡에는 앵두나무 두 그루가 꽃을 피우고 섰고, 거기에서 시인은 오래 서성이었다.

시간이 사람을
먹고 자란다

시간이 제 속내를 드러내고 있다

오래 입어 해진 스웨터를 걸치고

팔순이 넘은 어머니가

6시 13분에 저녁을 달게 먹었다

어머니는 늘 시간을 먹고 사는 줄 알았는데

이제 어머니는 시간의 먹잇감이 되었다

시간은 이미 귀를 먹어치웠다

삐걱거리는 나무 의자에 앉은

왼쪽 발목 관절을 먹는 시간의 입가에

어머니가 먹은 시간이 질질 흘러내렸다

시간은 사람을 먹어 작아지게 한다

기억을 먹어버리고

안경 너머 짓무른 눈에는 끈끈한 침을 발라놓았다

이 빠져 흉한 사기그릇처럼

군데군데 이빨마저 먹어치웠다

시간 앞에 먹이거리로 던져진 육신

어머니는 이제 손목에 시계를 차지 않았다

오늘도 어머니는 6시 13분에 저녁을 달게 먹었다
기다렸다는 듯
시간은 어머니 오른쪽 무릎 관절에 입을 대었다
먹히던 시간이
무서운 제 속내를 드러내고 있다

정진혁, 「시간은 사람을 먹고 자란다」, 『간쟁이』, 세계사, 2010

정진혁은 쉰을 바라보는 나이에 등단한 늦깎이 시인이다. 나는 그를 한 번도 만난 적이 없다. 그의 성정이 어떤지, 그가 어떤 삶을 사는 사람인지 아무것도 아는 게 없다. 우연히 어디엔가 그의 시 한 편이 소개된 걸 읽고 좋아서 그의 시집을 샀다. "부평고등학교 기간제 교사 3개월의 계약서에/햇살처럼 도장을 찍고 돌아온 날/와와 흩어지는 소금 알갱이 가슴에 쓰리다"「간쟁이」라는 시구에 따르면 그의 신분은 3개월 시한의 기간제 교사다.

"바닥난 통장과 빚"은 신분이 불안정한 비정규직 교직노동자의 불가피한 그늘이다. 높은 꿈과 궁핍의 현실 사이에서 삶을 살아내는 일은 늘 "비탈길"을 올라가는 고단함이거나, "터널"을 지나가는 불안의 시간일 터이다. 그 고단함과 불안의 시간을 묵묵히 감내할 때, 속꽃을 피우는 무화과無花果와 같이 삶의 안쪽에는 어떤 무늬들이 아로새겨지는데, 그게 바로 정진혁의 시들이다.

대체로 정진혁의 시들은 '가족'을 노래할 때 그 어조가 웅숭깊다. 그의 시에서 20년간 한전韓電 수금사원으로 일하며 육남매를 길러낸 아버지「아버지와 자전거 1」, "서러운 날에 한련화 환한 꽃잎 따 넣어/밥 비벼 주던 누나"「두고 온 것이 있다」, "내 어릴 적 항아리 위 정한수 앞에서/손 비비던 어머니"「들리지」, 아름다운 봄날 죽어서 뼛가루가 되어 뿌려진 "무화과 닮은 작은 누나"「무화과」 등과 같이 가족사에 얽힌 이야기들은 드물지 않다. "조금 애처로운 헐한 어제와/싱거운 단어 사이 밴 소금기"「간쟁이」는 실직과 임시직 사이에서 마음앓이를 하는 시인의 삶이 어깨에 얹는 고통의 등가물이다.

가족과 상관된 기억들을 다룬 시의 어조가 한결같이 애련하게 젖어 있는 것은 "변두리 동네"의 쓰리고 짜디짠 가난을 함께 겪어낸 탓일 게다. 그래서 「시간은 사람을 먹고 자란다」는 노모에 관해 적은 시다. 노모를 시의 제재로 쓰되 사사로운 가족 서사를 넘어서서 인류 보편의 비극적 경험으로 그 인식을 확장하고 있는 점이 눈길을 잡아끈다.

젊음을 노래하는 시는 많지만, 늙음을 노래하는 시는 드물다. 「시간은 사람을 먹고 자란다」는 드물게 늙음을 노래하는 매우 빼어난 시다. 노경老境에 대한 사실주의적 관찰은 삶의 핵심을 꿰뚫고 지나간다. 젊음은 주어지는 것이지만, 늙음은 시간의 마법이 필요하다. 미국 시인 메이 스웬슨1913~1989은 "젊기는 쉽다. (모두 젊다,/처음엔.) 쉽지 않다/늙기는. 그것은 시간이 걸린다"고 썼다. 이 평범하고 단순한 통찰이 달구어진 쇠꼬챙이가 되어 뇌의 어느 한 쪽을 뚫고 지나가는 듯하다.

　이 시의 주체는 시간이다. 시간에 잡아먹히는 노모는 객체다. "오래 입어 해진 스웨터를 걸치고/팔순이 넘은 어머니가/6시 13분에 저녁을 달게 먹었다." 저녁을 달게 먹는 노모는 하나의 객체로써 남루하고 동시에 애처롭다. 문득 저 어린시절 가곡으로도 불렀던 노산 이은상의 「장안사長安寺」라는 시가 떠오른다. "장하던 금전金殿 벽우僻隅 찬 재 되고 남은 터에/이루고 또 이루어 오늘을 보이도다./흥망이 산중에도 있다 하니 더욱 비감하여라." '금전'은 금전옥루金殿玉樓의 줄인 말이다. 규모가 아무리 크고 화려한 전각과 누대라도 억겁 시간의 힘을 이길 재간이 없다. 이루고 또 이룬 것이 폐허다. 어느덧 찬 재 되어 금전옥루가 서 있던 자리는 텅 비어 있다. 시인은 크고 화려했던 절이 감쪽같이 사라진 현장에서 그 절의 운명과 다를 바 없는 인생의 흥망에 대한 단상이 불러일으킨 비애와 덧없음을 탄식한다.

　우리 인생도 이와 같지 않은가? 젊은 시절의 인생은 그야말로 금전옥루와 같이 늠름하고 빛나지 않았던가? 늙으면 이것들은 덧없이 사라진다. 누가 인생을 고귀하다고 말하는가? 사람이 딱딱한 화강암으로 만들어지지 않았다. 그것은 "시간 앞에 먹이거리로 던져진" 말랑말랑한 고깃덩어리에 지나지 않는다. 그 말랑말랑한 것에서 수분이 빠지고 탄력이 죽으면 피부는 쪼글쪼글 해진다. 마찬가지의 이치로 인해 가을의 어스름 저녁에 찬연하게 빛나던 황국과 알록달록한 여뀌들은 시들어 땅에 스미고, 푸른 물 출렁이며 흐르던 강물도 말라 거친 바닥을 드러내고 말 것이다.

시간은 야수의 식성食性을 가졌다. 모든 것을 찢고 씹고 부서뜨려 그 흔적조차 남기지 않는다. 시간은 "사람을 먹어 작아지게" 하고, 마침내는 죽음에 이르게 한다. 보라, 시인은 시간이 저지르는 만행에 진절머리를 치며 그 사태의 전모를 일러바치고 있지 않은가? 시간은 노모의 귀를 먹고, 왼쪽 발목 관절을 먹고, 기억과 눈을 먹어버린다. 귀와 발목 관절과 기억과 눈을 잃은 팔순 노모는 듣고 보고 걷는 일에 서툴러진다. 노화현상은 누구도 피할 수 없는 불가피한 생물학적 운명이다. 그 운명은 비참하고 끔찍하다. 노모의 입가에 침이 질질 흘러내린다거나, "안경 너머 짓무른 눈에는 끈끈한 침"이 흐르도록 만든 것은 무엇인가? 바로 시간이다. 이렇듯 시간의 폭력성은 노년기 신체 기능의 퇴행과 장애라는 결과로 나타난다. 사람에겐 이것에 대항할 수 있는 그 어떤 방어기제도 없다. 다만 우리는 시간의 악행들과 속수무책으로 맞닥뜨리고 오로지 그것을 묵묵히 견뎌내는 것 이상의 어떤 저항도 할 수 없다는 무력함에서 인간의 비극이 확연해진다.

좋은 시는 사물과 존재의 핵심을 성찰하되, 그 진실에 직면하는 고통의 순간을 미적 쾌감의 순간으로 바꿔놓는다. 아무리 끔찍한 내용이 담겼더라도 좋은 시를 읽고 난 뒤 기분이 좋아지는 것은 그 때문이다. 「시간은 사람을 먹고 자란다」는 시간이 제 속에 감추고 있는 무시무시한 속성, 즉 폭력성과 야만성에 대한 통렬한 고발이다. 어느 순간 시간은 제 속내를 뻔뻔스럽게 드러내며 사람을 통째로 집어삼킨다. 그런데 그 대상이 바로 자신의 팔순 노모다. 시인은 바로 경악의 눈으로 그 순간을 지켜보고 그 참혹한 현장을 사실적으로 적고 있다. 이 시를 읽은 오후에는 오랜만에 제대로 잘 쓴 시를 읽은 탓에 내적 충일감으로 기분이 좋았다.

해가 많이
짧아졌다

먼 산이 한결 기까이 다가선다.

사물의 명암과 윤곽이
더욱 또렷해진다.

가을이다.

아 내 삶이 맞는
또 한 번의 가을!

허나 더욱 성글어지는 내 머리칼
더욱 엷어지는 내 그림자

해가 많이 짧아졌다.

김종길, 「가을」, 『해가 많이 짧아졌다』, 솔, 2004

하지와 동지 사이에 돌연 가을이 들어앉아 있다. 한 해 중에서 가장 긴 낮. 한 해 중에서 가장 긴 밤. 태양은 그 사이를 왕복운동한다. 가을은 어떤 끝들을 앞당긴다. 새들과 꽃들이 서둘러 떠난다. 들에 있는 물웅덩이가 마르고, 낙엽수들은 잎을 떨어뜨리고, 한해살이 풀들이 씨앗들을 떨구며 시든다. 이별들은 도처에서 오고, 창대했던 것들은 갑자기 쇠락한다. 그리운 것들은 그리운 것으로 남고, 주인을 알 수 없는 무주총無主塚들이 파헤쳐지고, 어떤 사건들은 영구미제永久未濟로 남는다. 갈잎들이 지는 하루. 아아, 새로 태어나는 것보다 죽는 것들이 더 많다. 쓸쓸함은 영장류만의 전유물이 아니다. 저 대서양 심해 생명 100만 종에게도 가을의 쓸쓸함이 번져 무한증식한다.

가을이다.

가을은 그 안에 많은 것들을 함축한다. 유순한 그늘들이 늘고 그림자들은 덧없이 길어진다. 먼 곳이 가까워지고, 고향을 떠나 이국의 먼 곳을 정처없이 떠도는 방랑자들은 제가 태어난 곳으로 끝내 돌아오지 못한다. 조락凋落과 죽음의 계절로써 가을을 겪는 것은 아직 죽지 않은 산 사람들이다. 여름에 무성했던 낙엽수의 잎들은 지고, 가지에 매달려 있던 푸른 열매들은 무르익어 따주지 않는다면 땅으로 뚝뚝 떨어진다.

「가을」은 매우 함축적인 시다. 가을에 대한 간결한 소묘, 인생에서 또 한 번의 가을을 맞는 소회를 간략하게 서술한다. "먼 산이 한결 가까이 다가선" 듯 느끼는 것은 대기가 청명해서 시정거리視程 距離가 길어진 탓이다.

"사물의 명암과 윤곽"이 또렷해지는 것도 마찬가지다. 그러나 이 시를 가을에 대한 계절의 단상斷想만으로 읽는다면 아쉽다. 이 가을의 이면에는 여러 속뜻이 숨어 있다. 말과 말 사이, 행과 행 사 이에 많은 말들이 숨어 있다. 그 숨어 있는 말들을 뜻을 헤아리지 않는다면 이 시를 제대로 읽은 게 아니다.

해가 많이 짧아졌다.

라는 마지막 구절이 특히 그렇다. 여름이 지나고 가을로 접어들 면서 해가 짧아지는 것은 당연한 계절 현상이다. 이것을 생의 감각 으로 포착한 것은 남들과는 또 다른 감회가 서리는 까닭이다. 척추 동물과 새들은 해가 짧아지고 일조량이 줄어든 것에 민감하게 반응 한다. 다가오는 겨울을 날 채비를 해야 하기 때문이다. 철새들은 남 쪽으로 이동하고, 척추동물은 추위를 피하거나 동면에 들 수 있는 굴을 찾을 것이다.

해는 양이고 어둠은 음이다. 해가 짧아진다는 것은 양의 기운 이 준다는 뜻이다. 세상에 양의 기운이 줄면 상대적으로 음의 기운 이 가득 찰 것이다. 태양에서 오는 빛을 인지하고 그것을 느끼는 동 안만 우리는 살아 있을 것이다. 어느 날 우리는 그 빛을 더는 보지 못할 것이다. 누구나 죽기 때문이다.

허나 더욱 성글어지는 내 머리칼
더욱 엷어지는 내 그림자

'늙음'에 대한 자각은 세월이 갈수록 또렷하다. 한 점의 모호함도 없다. 나날이 성글어지는 머리카락, 엷어지는 그림자…… 이것들은 다가오는 죽음의 전조前兆다. '늙음'이란 이미 도래해 있는 엷은 죽음이 아닌가. 엷은 죽음은 몸 안에서 생명과 동거한다. 가을은 문득 노시인에게 우주적인 '파노라마 비전'을 준다. 어느 시각 태양계는 홀연히 우주에 출현했고, 또 다시 어느 시각에 홀연히 사라질 것이다. 그때 빛도, 지구도, 인류 문명도 함께 어둠 속으로 사라질 것이다. 자, 다시 이 시의 마지막 행을 읽어보자.

해가 많이 짧아졌다.

태양은 늙고, 지구는 40억 년이나 되었다. 그랬건만 태양과 지구는 여전히 안정된 궤도를 돈다. 이에 따라 봄 여름 가을 겨울의 순환도 어김없이 이어진다. 나이가 들면 모든 사물과 현상을 영원이란 프레임 속에서 보게 한다. "아 내 삶이 맞는/또 한 번의 가을!"도 그렇다. 영원이란 프레임 속에서 가을을 보니 그게 새삼스러운 것이다. 다시 못 올 단 한 번의 가을이다.

해가 짧아졌다는 이 구절은 계절의 순환과 더불어 조락과 죽음이 닥치는 인생 말년이라는 남은 삶의 주기週期를 암시한다. 이윽고 이 가을도 지나갈 것이다. 해거리 하는 감나무에 올해는 감이 유난히도 많이 열렸다. 따고 남은 감들은 까치들의 몫이다. 내다보니 진 눈깨비가 치고 있다.

올해는 뜰의 감나무에
감이 유난히도 많이 열려
까치밥도 넉넉히 남겨 두었었지.

늦가을 푸른 하늘을 배경으로
가지 끝 붉은 감들을 쪼으며
까치들은 무시로 떠들썩한 잔치판을 벌였었지.
아직도 가지 끝엔
까치밥이 많이 달려 있는데
오늘은 아침부터 까치들이 오지 않는다.
웬일인가 하고 내다봤더니,
밖에선 진눈깨비가 소리없이 내리고 있다.
까치들은 보이질 않고 까치밥만 차갑게 젖고 있다.

「까치밥」

간밤에 무서리가 내리고, 낮에는 진눈깨비가 친다. 늦가을이 왔다 가는 어느 날, 노시인의 처연한 시선이 가 닿은 곳은 어딘가? 가을 저 너머 가을! 하늘 저 너머 하늘!

진짜로 사랑하는
사람들

당신을 신고 집으로 돌아간다 오늘의 구름은 자웅동체, 골목들이 서로의 꼬리를 물고 끊임없이 흘러간다 속눈썹들이 거리에 날카롭게 흩뿌려졌다 한번도 손을 잡지 않은 촉감으로 흰 것들 위를 걸었다 두려워, 바닥을 마주대고 걷는 우리의 평행

이쪽의 무게가 저쪽의 암전으로 천천히 기울어갈 때 스민다는 말을 비로소 이해했다 당신을 신은 날에는 열 손가락에 날개가 돋아, 내 발을 감싼 당신이 힘겹게 입술을 여닫는다 두려워, 헐렁한 발목을 가진 것들은 어디로든 도망가니까 나는 비틀거리며 붉은 달력 속으로 숨어든다

내일은 멀고 오늘은 다 지나갔다 함께 한 계절이 하루보다 짧았다 안경을 쓴 채 잠들면 저녁 내내 창문에 부딪혀 죽는 새의 꿈을 꾸었다 우리가 서로의 발가락을 물고 각자의 바깥이 되어가는 일이었다

이혜미, 「거울 속 일요일」, 『보라의 바깥』, 창비, 2011

2006년 열여덟 살의 소녀가 신춘문예에 당선한 것은 문단의 화 젯거리였다. '천재 소녀'가 나타났다는 소문이 돌았다. 그로부터 5 년이 지나 스물네 살의 시인은 첫 시집을 내놓았다. 그의 첫 시집은 스물네 살짜리답게 연애의 흔적들로 가득차 있다.

이를테면 "바람피울 거면 들키지는 말라고 애인은 말했다/알겠 노라고 흔쾌히 답하고 나는 꽃 보러 간다"「들키지 마라」, "늦은 새벽 애 인이 울며 잠 속으로 전화를 걸어온다"「마트로시카」, "애인의 팔이 하 나의 줄을 가진 악기처럼 진동한다"「소름」 등등의 구절이 그렇다. 그 러나 시인이 통찰하는 사랑은 마냥 감미롭지만은 않다. "우리는 두 개의 날카로운 비늘, 아름다운 모서리가 남겨 있다"「투어(鬪魚)」.

사랑은 가까이 다가가면 갈수록 서로의 몸속에 숨긴 날카로운 뼈에 찔릴 가능성도 높아진다는 것이다. 지금은 건국대 국문과를 졸업하고 고려대 국문과 대학원에 재학 중이다. 그의 가족은 전부 시인이다. 그의 어머니가 시인이고, 아버지가 시인이다. 가족 모두가 시인인 게 행복인지, 불행인지는 모르겠다. 어쨌든 그는 시인인 어 머니와 아버지 사이에서 자라면서 시인이 되었던 모양이다.

「거울 속 일요일」은 엇갈린 사랑의 감정을 노래한다. 시의 화자 는 당신을 "신는" 사람이다. 그러니까 나는 주인이고 당신은 그 주인 의 "신발"이다. "구름은 자웅동체"고, "골목들은 서로의 꼬리를 물 고" 흘러간다. 구름과 골목들은 이미 사랑 안에서 하나가 되었거나 사랑하는 중이다.

그것들은 내 사랑에 빠진 열망에 조응하는 이미지들이다. 그에 반해 우리는 "바닥을 마주대고 걷는"다. 나와 당신은 교차하지 않고, 항상 평행 상태다. 아직 사랑에 닿지 못하고 있는 것이다. 나에게 사랑은 이미 와 있지만, 당신에게 사랑은 아직 사랑 이전이다. 어쩌면 나에게 사랑은 현재진행형이지만, 당신에게 사랑은 과거인지도 모른다.

모든 사랑에겐 시작이 있고, 반드시 끝이 있다. 당연한 사실이지만, 사랑은 시작하는 순간 이미 끝을 향해 치달린다. 사랑이 끝나는 것은 그 본질이 과도함이기 때문이다. 사랑은 과도함에서 시작되고, 결국은 그 과도함 때문에 끝난다. 사랑은 감정의 과잉이 없이는 불가능한 사건이다. 감정의 과잉은 감정의 격류로 이어지고, 사랑은 격류 속에서 찰나적으로 그 미친 존재감을 드러낸다. 그러니 깊은 심심함 속에서 마음의 고요를 누리는 사람에게 연애는 딴 세상의 일이다. 아울러 사랑은 감시인과 방해꾼이 있을 때 격렬해진다. 감시인도 방해꾼도 갖지 않는 사랑은 이내 권태에 빠지고 시들해진다. 사랑을 지속시키는 것은 주위의 방해와 불가피한 긴 우회, 그리고 시련이 있을 때뿐이다. 방해와 우회와 시련은 사랑을 지속적으로 타오르게 하는 불쏘시개들이다. 사랑의 언어들이 활발하게 생성되는 것도 갖은 방해와 우회와 시련들이 나와 당신을 떼어 놓는 순간들이다.

「거울 속 일요일」에서 나는 당신을 온전하게 갖지 못한다. 이 소유할 수 없음 때문에 이 사랑은 애절해진다. 이 애절함이 "이쪽의 무게가 저쪽의 암전으로 천천히 기울어갈 때 스민다는 말을 비로소 이해했다"는 구절의 이면을 적신다. 이해는 이성의 산물이다. 이해는 내가 그럼에도 불구하고 너그러울 수 있는 근거일 따름이다. "그래, 나는 (나를 사랑하지 않는) 너를 이해해!"라고 말하는 것은 사랑의 증거가 아니다. 그것은 사랑이라는 과도함의 명령이 나에게는 작동하지만, 당신에게는 작동하지 않는다는 뜻이다.

그러니까 이 사랑은 외사랑이고, 그래서 외사랑의 주체인 "나는 비틀거리며 붉은 달력 속으로 숨어"드는 것이다. 나_발는 당신_{신발}을 신고 있지만, 그리고 당신은 나라는 존재의 기쁨이고 보람이지만, 둘의 관계는 아무 구속도 없이 헐렁해서 언제든지 어디로든 도망갈 수 있다. 그게 두려워서 내가 먼저 당신에게서 달아나고 숨는다.

사랑은 시간이라는 질료 없이는 타오를 수 없다. 모든 사랑은 시간을 요구한다. 시간은 사랑이 지불해야만 하는 필요 경비다. 아울러 시간은 사랑의 필요조건이지만 거꾸로 사랑을 집어삼키는 블랙홀이기도 하다. "시간을 요구한다는 점을 통해 사랑은 자기 자신을 파괴한다. 사랑은 그 상상에 날개를 달아주었던 속성들도 해소하고, 이 속성들을 친숙함으로 대체해버린다"_{니클라스 루만, 『열정으로서의 사랑』}. 외사랑도 시간이라는 비용을 치른다. "내일은 멀고 오늘은 다 지나갔다 함께한 계절이 하루보다 짧았다"라는 구절은 사랑을 위해 비싼 비용을 치렀는데, 그 대가만큼 보람이나 결실이 없다는 탄식을 담고 있다.

  나의 사랑함과 당신의 사랑하지 않음이라는 비대칭성이 이런 결과를 낳는다. 그 실망감으로 나의 에너지는 소진된다. "안경을 쓴 채 잠들면 저녁 내내 창문에 부딪혀 죽는 새의 꿈을 꾸었다"는 것은 에너지 소진의 상태에 대한 암시다. 그것은 실제 나의 죽음은 아니지만, 이런 상태가 지속되다가는 언제인가 창문에 부딪혀 죽는 새와 같이 나도 죽을 것이라는 암시, 즉 꿈속의 죽음들을 계시한다.

  사랑은 과도함이 불러온 무절제함이고, 무분별함이다. 적당히 사랑하는 것은 진짜 사랑하는 게 아니다. 사랑은 항상 넘치게, 미친 듯이 사랑하는 것이다. 그 증거로 사랑에서는 아무리 하찮고 사소한 것이라도 우주적 변동을 부를 수 있는 요인이 된다는 점이다. 그러므로 사랑에 빠진다는 것은 돌아올 기약도 없이 편도 티켓을 끊고 사랑이라는 열차에 자기 전부를 싣고 연인을 향해 떠나는 일이다. 사랑은 어떤 위험도 불사하는 무분별한 모험이고 어리석은 투자다. 진짜로 사랑하는 사람들은 자주 어리석음에 빠지고 진짜로 사랑하지 않는 사람들이 더 지혜롭게 보이기도 한다.

  「거울 속 일요일」은 독특한 화법으로 이루어질 수 없는 사랑을 노래한다. 이 사랑은 순진한 사랑이고, 그 누구에 대한 원망도 없는 순한 사랑이고, 애절한 사랑이다. 그런데 시의 제목이 왜 "거울 속 일요일"일까? 거울은 일종의 환(幻)이다. "서로의 발가락을 물고 각자의 바깥이 되어가는 일"이 꿈속에 비친 환이다. 일요일은 대체로 수고와 봉급의 시간에서 놓여나 나에게로 돌아가는 휴식과 휴지의 시

간이다. 이혜미는 그 일요일을 연인에게서 나에게로 돌아가는 시간
으로 설정한다.

　일요일은 "서로의 발가락을 물고 각자의 바깥이 되어가는 일"을
하기에 좋은 시간이다. 그것은 상상이고, 백일몽이다. 불가능의 가
능을 꿈꾸게 하는 상상과 백일몽을 하기에 일요일보다 더 좋은 시
간이 또 어디 있으랴!

꿈이 꿈을 떠나고,
노래가 노래를 잃었을 때

기기 계세요, 제가 갈게요

당신은 바다에서 가장 높은 산

시장에서 제법 쓸쓸해 보이는 나무들도 샀구요,

당신과 어울릴 만한 음악도 골랐어요

붉은 꽃으로 치장한 통통해 타고 가장 높이 계신 당신께 오를
거예요

깃발도 달고, 꽹과리도 두드리며

멀리 계신 당신 쉽게 손 흔들 수 있도록

시끌벅적 밀물 타고 갈 거예요

당신의 연안沿岸은 모두의 피난처

안달 난 새들은 같은 방향의 화살표로 날아들겠지요

당신 치맛자락엔 검으나 부드러운 몽돌을 내려놓을 거구요,

차고 단 샘물도 넣어 드릴게요

가만가만 거기에만 계세요

교회 종 떼어 당신 목에 걸어 둘래요
꿈밖으로 떠밀려 가도 알아챌 수 있도록
색색의 부표로 당신을 휘감겠어요

거기 계세요
태양과 바람의 경계에서 가장 상처 깊은 뿌리
세상에 존재하지 않는 피안彼岸의 장르인
당신

김요일, 「무인도」, 『애초의 당신』, 민음사, 2011

김요일, 나는 그의 소년시절을 안다. 중학생인 그는 방학 동안에 그의 아버지가 경영하는 출판사에 나와 잡일을 거들곤 했다. 그 당시 그 출판사에 드나들던 한 청년이 소년인 그를 얼핏 보았다. 청년은 중년이 되고 그는 낭만 청년으로 성장한다. 어느 날 그는 시인이 되었다고 했다. 그는 밤의 시인이었다. 젊은 시인들을 거느리고 신촌이나 인사동의 술집 거리들을 방황하곤 했다. 그가 마시는 것은 술이 아니었다. 그는 인생의 돌이킬 수 없는 것들을 마시고 있었다.

그는 밤의 가객歌客, 밤의 방랑자였다. 더러는 스스로를 체 게바라로 여기는 듯싶었다. "찾지 마 잊지도 마/이곳에서의 이름은 이방인 K,/아직 담배는 끊지 못했어"「체 게바라에게」라고, 그가 사랑도, 꿈도, 혁명도 실패해버린 듯한 표정을 지을 때 그 표정에는 세계의 끝까지 가버린 자의 깊이가 서린다. 허망이란 헤아릴 수 없는 깊이. 더는 깊이가 있을 수 없는 깊이. 그래서 위험하기 짝이 없는 그것. 그러나 삶의 안쪽에 달라붙어 있는 허망은 섬멸시킬 수 없는 것. 그렇다면 그것을 끌어안고 사는 수밖에 없다. 어느덧 소년을 중년으로 바꿔버린 세월과 허망을 끌어안은 그가 돌연 우리 앞에 『애초의 당신』이란 시집으로 돌아왔다.

김요일의 시집을 읽으니, 쓸쓸하다. 쓸쓸함이란 꿈이 꿈을 떠나고, 노래가 노래를 잃었을 때가 아닌가. 그는 꿈이 꿈을 떠나고, 노래가 노래를 잃었을 찰나들을 노래한다. 꿈이란 무엇인가? 한 소설가는 "입과 이齒에 결여된 것을 나타나게 하는 배고픔이다"파스칼 키냐르라고 말한다. 그것의 사회적 형식이 혁명이거나 사랑일 터다. 그를 마르게 한 것은 꿈을 놓친 채 존재하는 것의 쓸쓸함이다. "나는 뼈덩뼈덩 말라 가는 물고기/누구든 내 영혼 사 가세요/비싸게 굴 이유가 없죠"「근황」라는 구절에서 나는 시인의 정신에 스며든 환멸의 깊이를 읽는다. 죽을 수도 없고 살 수도 없는, 그 어정쩡함 속에서 그는 망연히 "죽어가는 삶이 퍼덕이는 풍경"「백야」을 본다. 그 시선은 처연하다. 아마도 저를 둘러싼 그런 풍경들이 삶에 대한 지독한 환멸을 낳았을 테고, 그 환멸이 끝끝내 배태하는 정서가 비애일 터다. 실로 이 시집은 그런 비애들로 가득 차 있다. 그의 시집을 떠받치는 정서의 두 기둥은 환멸과 비애다.

시집에서 시의 화자들은 끊임없이 어딘가로 떠난다. 더러는 소풍이고, 더러는 밀항이다. 환멸과 비애가 촉발시킨 게 분명한 그 떠남들은 여러 목적지를 갖는다. 그중에 한 곳이 무인도다. 자, 이제 그 시를 제대로 읽어보자. 그는 돌연 '무인도'를 다정한 이인칭으로 호명한다. '당신'은 무엇인가. 일인칭의 형식 속에서 발화하는 '나' '현재' '여기' 저 너머에 있는 그 무엇이다. '나'의 부재, '현재'의 부재, '여기'의 부재로써만 제 존재를 드러내는 그 무엇이다. 시인은 "세상에 존재하지 않는 피안彼岸의 장르"라고 하지 않는가! 그것은 없고, 차라리 없기 때문에, 의미의 광휘를 거느리고 떠오른다. 없음의 거대한 입 속으로 차안此岸의 '있음'들이 삼켜졌다가 다시 토해내진다. 그래도 살아 있음이 지옥일 리는 없다. 왜냐하면 "애당초 천국이란 건 없었으니/이곳이 지옥일 리 없죠"「근황」.

'당신'은 없다. 없으니 오고 싶어도 내게 올 수 없다. 그러니 "거기 계세요, 제가 갈게요"는 독백이다. 들을 수 없는 자를 향하여 발화되는 일인칭의 독백. 이 독백은 지켜지지 않는 약속이다. 왜 독백을 하는 걸까. 다른 시편에서 그 대답을 찾아보자. "산다는 건 진지한 코미디/공원의 비둘기처럼 꾸벅거리기만 하는 수긍의 삶은 재미없어"「순례의 노래」. 그렇다. 공원의 비둘기들은 아무 숭고함도 품지 않은 채 오로지 먹이를 찾는 삶만 산다. 먼지와 때에 전 깃은 더럽다.

어리석은 반복으로 이루어진 '공원의 비둘기들'이 살아내는 세속 삶이 재미있을 턱이 없다. 재미가 없으니, 판을 떠나든지 뒤집든지 해야 판을 바꿀 수가 있다. 시의 화자가 선택한 것은 판에서 떠남이다. 그 떠남에의 욕망은 얼마나 사나왔던가! 시인은 "어디로든 가고 싶었을 게다/천 번 만 번은 출렁거렸을 것이다"「묶인 배」라고 적었다.

그 목적지는 '무인도'다. 그곳은 사람이 살지 않는 섬일 뿐만 아니라 애초에 없는 섬이다. 그러니까 "애초에 없는 당신"이다. 당연히 "붉은 꽃으로 치장한 통통배 타고 가장 높이 계신 당신께 오를 거예요"는 빈말, 즉 허사虛辭다. 이런 허사는 시의 화자의 쓸쓸함을 위로하는 데 꼭 필요하다. "깃발도 달고, 꽹과리도 두드리며/멀리 계신 당신 쉽게 손 흔들 수 있도록/시끌벅적 밀물 타고 갈 거예요"라는 구절 역시 허사다. 없는 당신은 자잘하고 지리멸렬한 삶에 대한 보상으로 주어진 것. 우리가 할 수 있는 일이란 고작 없는 당신을 향해 이따위 빈말을 남발하는 것밖에 없다. 오죽하면 서양의 한 키작은 철학자는 "사람을 무익한 열정의 덩어리" 그 자체라고 했을까.

어디로도 떠날 수 없는 사람에게 하루는 길고 지루하다. 아마도 시란, 혹은 예술이란 그 길고 지루함에 대한 보상행위가 아니었을까. 「무인도」는 시인의 갈망이 만든 꿈의 내역을 보여주는 시다. '무인도'는 주체 안의 '비어 있음'이고, 그 비어 있음 속에서 피어난 '당신'이란 꽃이고, 없는 이상향이다. '당신'은 수고와 노동으로 이루어진 차안의 삶을 받아준다. "당신의 연안沿岸은 모두의 피난처"다. 당연하다. '무인도'는 유토피아니까. 본디 유토피아의 뜻이 '없는 장소'가 아닌가! 아마도 시인은 오늘밤에도 어디선가 "세속적으로, 세속적으로/빠르게 독주를 들이"「은경이네」켜고 있을 것이다. 독주가 불러일으킨 취기 속에서만 그의 "세상에 존재하지 않는 피안"인 '무인도'에 가 닿을 수 있을 테니까.

Ⅲ.

진부하고 공소한, 그럼에도 현실

말랑말랑하게
산다는 것 1

시 한 편에 삼만 원이면
너무 박하다 싶다가도
쌀이 두말인데 생각하면
금방 마음이 따뜻한 밥이 되네

시집 한 권에 삼천 원이면
든 공에 비해 헐하다 싶다가도
국밥이 한 그릇인데
내 시집이 국밥 한 그릇만큼
사람들 가슴을 따뜻하게 덥혀줄 수 있을까
생각하면 아직 멀기만 하네

시집이 한 권 팔리면
내게 삼백 원이 돌아온다
박리다 싶다가도
굵은 소금이 한 됫박인데 생각하면
푸른 바다처럼 상할 마음 하나 없네

함민복, 「긍정적인 밥」, 『모든 경계에는 꽃이 핀다』, 창비, 1996

시인은 서울 달동네와 친구 하숙방 등을 떠돌다가 강화도 마니산에 왔다가 좋아서 아예 그곳에 주저앉았다. 바다와 인연이 없는 이 내륙의 사내는 제가 태어난 곳에서 멀리 떨어진 강화도에서 버려진 농가를 개조한 집에서 살았다. 강화도 남쪽 끝자락에 있는 강화군 화도면 동막리가 그곳이다. 물론 그이가 이웃으로 삼고 사는 벗들도 어민 후계자들이거나 바다 생물들로 생계를 해결하는 어민들이다.

그이는 마흔이 훌쩍 넘도록 삼무三無다. 그이에겐 집, 아내, 아이가 없다. 대신에 가난을 벗삼고 불우와 동거하는데, 빈자貧者 함민복은 이 동거가 불편할 텐데도 물리치지 않는다. 가난의 내력을 따지고 들면 그것은 그이의 숙명이라는 생각이 든다. 그이는 씀바귀보다 더 쓰고 생마늘보다 더 아린 가난을 늠름하게 살아냄으로써 드문 일이지만 가난을 맑고 명예로운 것으로 만들었다. 본디 비루한 것이 어진 마음을 가진 시인에게 와서 청빈이라는 새 이름을 얻은 것이다.

「긍정적인 밥」은 아름다운 시다. 아름다움이 미사여구가 만드는 공허한 감미로움이 아니라면 그렇다. 아마도 이 시는 시의 현실적 효용가치를 직접적인 언술로 따지고 묻는 최초의 시가 아닌가 싶다. 시 한 편의 고료로 삼만 원은 정당한가, 혹은 시집 한 권의 값이 삼천 원이라는 게 정당한가라는 이 질박한 물음 속에서 시 한 편, 혹은 시 묶음의 효용가치를 국밥이나 굵은 소금 한 됫박에 견주면서 어떤 진정성을 구한다. 시쓰기도 노동이라는 총체에 포섭되는,

노동의 일부다. 근육의 운동이 필요없는 조금 느린 템포의 노동이다. "노동이 원자의 진동이며 별들과 태양을 움직이는 힘"에른스트 융거이고, 모든 스포츠와 향락조차 노동의 맥락에 포섭된다면 사물을 응시하는 것, 비와 구름과 노을에 대한 마음의 섬세한 감응을 언어로 옮기는 것을 굳이 노동이 아니라고 말할 수는 없다.

바다에서 고기를 잡는 사람의 일보다, 논에서 종일 허리 구부려야 하는 농업 노동보다 시 쓰기가 덜 고되어 보이지만 시 쓰기는 언어로써 생불生佛이 되는 것, 그런 까닭에 어떤 경지에 다가갈수록 어려운 게 시업詩業이다.

밥은 함민복 시의 중요한 화두다. 밥은 개별자의 생존을 위해 불가결한 것이다. 사람은 밥을 먹어야 살고, 입에 들어갈 밥을 구하려면 일을 해야 한다. 한 사람의 윤리의식은 대개는 밥을 구하는 노동의 정당성이 그 기초를 이룬다. 이를테면 "일요일에도 아버지는 일찍 일어나/암청색 추위 속에서 옷을 입고/주일 날씨 속의 노동으로 욱신대는 갈라진 손으로/불씨를 살려 불을 지폈다./누구도 그에게 고맙다는 말을 한 적이 없었다."로버트 헤이든, 「그 겨울 일요일들」라는 시에서 주일 겨울 새벽에 일하는 아버지가 먹는 밥은 도덕적으로 정당하다. 이 노동은 타자의 필요에 자발적으로 응하는 것이고, "엄격하고 외로운 과업"을 수행한 까닭에 아버지의 입에 들어가는 밥의 정당성에 아무도 이의제기를 할 수 없다. 거꾸로 보자면 개별자에게 심각한 도덕의 위기는 밥이 제 입에 오기까지의 경로가 투명한 윤리성을 결락했을 때 생긴다.

시집 한 권과 국밥 한 그릇을 한 저울에 올려놓고 그 효용가치의 무게가 어느 쪽으로 기우는가를 견주는 심리의 이면에는 시 쓰기가 육체적 필요의 수준을 넘어서서 객체와 주체를 창조적으로 융합하는 매개로서의 노동이 될 수 있을까 하는 의문과 회의가 잠복해 있다. 이 의문과 회의의 뿌리는 시가 건강한 일꾼들의 노동과 존재를 하나로 묶어주는 일이 될 수 없다는 불안이다. 노동은 삶 그 자체인데, 시는 자주 삶이라는 기반에서 박리剝離된다. 시 쓰기의 기쁨은 노동에서 분리되고, 그 노력은 보상에서 분리된다. 시 쓰기는 사회적으로 공인된 빵을 굽고 메마른 대지를 비옥하게 만드는 공익적 가치를 지닌 노동보다는 한량들이 즐기는 유희에 더 가깝다. 사람 모두에게 두루 유익한 부富를 만드는 노동이 아니다. 그러나 인류의 역사를 보면 좋은 예술은 늘 노동의 아들이었다.

좋은 그림과 시는 노동에서 분리되지 않고, 노동의 효용성과 그 생산의 기쁨과 의미를 밝혀준다. 아울러 시 쓰기는 찰나마다 변화하는 실존의 느낌을 언어로 고정시키는 일이다. 다시 말하면 삶에서 비속함의 더께를 덜어내 그것을 성스럽고 윤택하게 하는 일이고, 존재와 무, 추와 미 사이에서 우리가 쉬이 놓치는 본질과 기쁨들을 언어라는 닻으로 붙잡아 두는 일이다.

함민복의 시들은 아려雅麗한 풍격을 갖고 있다. 그이의 감정과 기질에 깃든 맑은 기운이 시에 고스란히 드러나는 까닭이다. 그는 자발적 가난을 겸손하게 누리고, 만물을 측은지심으로 대한다. "뱀을 볼 때마다/소스라치게 놀란다고/말하는 사람들 // 사람들을 볼 때마다/소스라치게 놀랐을/뱀, 바위, 나무, 하늘 // 지상 모든/생명들/무생명들"「소스라치다」. 뱀을 보고 놀란 사람에게 호들갑떨지 말하고 넌지시 충고한다. 뱀이나 바위나 나무나 하늘의 처지에서 보자면 갑자기 나타난 사람이 더 무섭고 놀라운 사건이라는 것이다. 저들은 사람을 해치지 않지만 사람은 언제라도 저들을 해칠 수 있기 때문이다.

시인은 그 착한 심성으로 시를 써서 밥을 구하는 제 삶을 지긋이 들여다본다. 시 한 편을 써서 버는 돈은 삼만 원인데, 시 한 편에 들인 공력을 생각해 보면 억울하다고 적는 시인의 마음에 충분히 공감하는 것은 그게 그대로 시인의 체험에서 우러나온 까닭이다. 시집 한 권이 팔리면 시인에게 돌아오는 저작료는 시집 정가의 십분의 일이다. 굵은 소금 한 됫박과 바꿀 수 있는 돈이다. 시 한 편을 써서 받는 삼만 원은 쌀 두 말 값이고, 쌀 두 말은 서너 식구가 한 달은 먹을 수 있는 양식이다. 뒤집어서 시 한 편이 서너 식구의 한 달 양식이 될 수 있을까에 생각이 미치면, 시인은 시집 한 권의 저작권료와 시 한 편의 고료가 너무 박하다고 생각하다가 얼른 그 생각을 고쳐먹는다.

말랑말랑하게
산다는 것 2

냉장실 귀퉁이
밀가루 반죽 한 덩이
저놈처럼 말랑말랑하게
사는 게 어디 쉬운 일인가

동그란 스텐그릇에
밀가루와 초면初面의 물을 섞고
내외하듯 등 돌린 두 놈의 살을
오래도록 부비고 주무른다
우툴두툴하던 사지의 관절들 쫀득쫀득해진다
처음 역하던 생내와
좀체 수그러들지 않던 빳빳한 오기도
하염없는 시간에 팍팍 치대다보면
우리 삶도 나름대로 차질어 가겠지마는

서로 다른 것이 한 그릇 속에서
저처럼 몸 바꾸어 말랑말랑하게

사는 게 어디 그리 쉬운 일인가

한미영, 「밀가루 반죽」, 『물방울무늬 원피스에 관한 기억』, 문학세계사, 2007

조금 어색한 조어가 허락된다면, 한미영은 생활 시인이다. 생활의 달인에 이른 사람의 사유는 한미영 시에서 빠질 수 없는 고갱이다. 이를테면 빨래는 옷이 아니라 삶에 잉여로 달라붙는 고단함과 외로움 따위를 "더는 비틀어 쥐어짤 수 없을 때까지/몇 번이고 쥐어짜"는 것이며, "땟국물 빠진 원래의 마음들이/다시 희게 펴져 빛나"는 것이란 성찰에 이를 때「빨래를 말리며」, 혹은 고추장 단지 속의 "내용물들 딱딱하게 굳어 있"는 것에서 "남을 향해 경직된 사람 속"을 유추하고, "경직돼 있던 내 딱딱하게 굳은 속이/저러했을 거라고 생각"할 때「고추장 단지를 들여다보며」, 혹은 다림질을 하며 "달궈진 다리미에 나도 모를 힘이 가해"지고, "불행의 안감 같은 행복이 조금씩 펴진다"는 느낌에 이를 때 시인은 시가 생활의 구체적 약동躍動과 한 몸임을 보여준다.

그의 상상세계에서 날것들을 찌고, 다듬고, 끓이고, 삭히고, 치대고, 뒤섞고, 발효시키는 부엌의 조리과정에서 발견된 찬탄과 기쁨의 은유들은 하나같이 알뜰하게 시적 상상력으로 변주된다.

「밀가루 반죽」에서 반죽은 그저 물질로써 아직 의미를 부여받지 못한 몸의 익명성을 드러낸다. 그 재료가 품은 원소적 성질은 "역하던 생내", "좀체 수그러들지 않던 빳빳한 오기"다. 생내와 오기는 저를 둘러싼 것들과의 불화를 불러온다. 오래도록 부비고 주무르고 시간에 "팍팍 치대다보면", 끝내 "차질어"질 터다. 차질어진다는 것은 재료의 뻣센 물질성이 유연해지며 밀도가 높아짐을 뜻하지만, 여기서는 인격의 그윽한 성숙이라는 은유로 읽어야 할 것이다.

시인은 "말랑말랑하게" 사는 게 "어디 그리 쉬운가"라고 묻는다. 아니 이것은 단순한 물음이 아니다. 이미 그 안에 대답을 품은 물음이다. 대답을 품지 않은 물음, 혹은 물음을 품지 않은 대답이란 귀담아 둘 만한 함량이 모자라는 것들이다. 한 유명한 철학자의 말을 들어보라. "모든 대답은 그것이 물음 속에 뿌리내리고 있는 동안에만 대답으로서 효력을 유지한다"_{하이데거, 『숲길』}라는 언명은 대답을 품은 물음의 완벽한 역상_{逆像}이다. 역한 생내와 빳빳한 오기를 빼고 부드러움의 심오함에 도달한 자만이 말랑말랑하다.

세계의 모든 명령과 입법이 존재를 옥죄는 딱딱함이라면, 말랑말랑한 것들은 아기, 웃음, 미소, 자유, 호의_{好意}, 관대함, 천진무구함 같은 것들을 품는다. 이 실존적 양태는 "오래도록 부비고 주무"르고, "우툴두툴하던 사지의 관절들 쫀득쫀득해진" 뒤에 얻어진 몸 바꾸기의 결과다. 한 그릇 안에서 몸을 바꾼 것은 "내외하듯 등 돌린 두 놈의 살"이다.

아하, 시인은 밀가루 반죽 만들기에서 결혼 관계에 대한 은유로 비약하고 있는 것이다. 결혼을 하며 꾸린 가정은 이승 속의 피안이 아니다. 그것은 딱딱한 것들이 서로 부딪치고 깨져서 피흘리는 지옥이다. 이 시는 밀가루와 물이 만나 차진 반죽이 되듯 서로의 다름 때문에 부딪치고 깨지던 두 사람이 마침내 "말랑말랑해져" 얻게 된 관계의 평화에 대해 노래한다.

한미영의 시들은 대체로 투명하다. 말라르메는 "시에는 언제나 수수께끼가 있어야 한다"라고 했다. 이때 수수께끼란 전체로서의 존재가 품고 있는 신비성을 말한다. 한미영 시의 투명함은 그 수수께끼를 희생함으로써 얻어진 평명성의 다른 이름이다.

엿기름물에
잠긴 밥알들이
속속들이
몸을 삭히고 있다

저
편안한
소멸의 풍경

나도
잘 삭혀진 밥알로
가볍게
세상 속을

떠다니고 싶다

누군가의 가슴 한켠에
잘 발효된
한 그릇
시원한 식혜로
남고 싶다

「식혜」

밥알들이 엿기름물에 몸을 삭힌 뒤 식혜로 거듭나는 과정을 그린 이 시는 한미영 시가 지향하는 투명함의 방향을 보여준다. 사물을 해석하는 데 이보다 더한 명석함은 없다. 그러나 그 명석함은 사물의 비의에서 비켜섬으로써 읽는 이의 마음에서 솟구치는 영적靈的인 찬송을 이끌어내지 못한다. 말할 수 없는 것을 말할 때의 어려움이 있는데, 시인이 그것을 애써 피하기 때문이다. 그리하여 시가 수수께끼의 표면으로 미끄러지는 것, 즉 신비의 윤리학에 가 닿지 못한 채 문자적 자명성에 머무는 까닭이다.

한미영은 생활의 고통과 행복을 버무리고 비벼서 시를 만든다. 그에게 생활은 제일의적 명제이자 추구해야 할 의미의 전부다. 그의 시들은 생활의 요구와 정언적 명령에 대한 응답이다. 생활은 무수한 반복으로 이루어지고, 그 반복은 낯익음을 낳는다. 동일한 반복의 재귀再歸 속에서 시를 찾아내려면 먼저 그 안의 낯섦을 발견하는

눈이 있어야 한다. 아울러 반복은 그 안에서 이루어지는 모든 수고
와 피로들은 뜻없는 것으로 무화시킨다. 그 반복 안에서 우리는 너
무 지쳐 죽지도 못한다.

다만 "우리는 재처럼 흩날리리라"니체. 흩날리는 재 속에서 시를
찾는 일은 요원한 일이다. 숨을 쉬고 서 있기조차 힘들다. 시인은,
놀라워라, 재를 뒤집어쓰고 그 안에서 시를 건져낸다. 한미영은 지
금까지 쓴 것보다 앞으로 쓸 것들의 가능성으로 빛나는 시인이다.

그래도 살아볼 만한
인생

막힌 하수도 뚫은 노임 4만원을 들고

영진설비 다녀오라는 아내의 심부름으로

두 번이나 길을 나섰다

자전거를 타고 삼거리를 지나는데 굵은 비가 내려

럭키슈퍼 앞에 섰다가 후두둑 비를 피하다가

그대로 앉아 병맥주를 마셨다

멀리 쑥꾹쑥꾹 쑥꾹새처럼 비는 그치지 않고

나는 벌컥벌컥 술을 마셨다

다시 한번 자전거를 타고 영진설비에 가다가

화원 앞을 지나다가 문 밖 동그마니 홀로 섰는

자스민 한 그루를 샀다

내 마음에 심은 향기 나는 나무 한 그루

마침내 영진설비 아저씨가 찾아오고

거친 몇 마디가 아내 앞에 쏟아지고

아내는 돌아서 나를 바라보았다

그냥 나는 웃었고 아내의 손을 잡고 섰는

아이의 고운 눈썹을 보았다

어느 한쪽,

아직 뚫지 못한 그 무엇이 있기에

오늘도 숲속 깊은 곳에서 쑥꾹새는 울고 비는 내리고

홀로 향기 잃은 나무 한 그루 문 밖에 섰나

아내는 설거지를 하고 아이는 숙제를 하고

내겐 아직 멀고 먼

영진설비 돈 갖다 주기

박철, 「영진설비 돈 갖다 주기」, 『영진설비 돈 갖다 주기』, 문학동네, 2001

「영진설비 돈 갖다 주기」를 읽으면 기분이 좋아진다. 사람이 피워내는 향기 때문이다. 신 살구를 깨물었을 때처럼 사는 일이 시고 떫더라도 삶은 귀하고 숭고하다. 시인은 범속한 삶의 구체성 안에서 그 귀함과 숭고함을 건져 올린다. 서울 근교의 럭키슈퍼가 있고, 영진설비가 있고, 작은 화원이 있는 고만고만한 소도시쯤 되겠다.

이 시의 화자는 소시민 가장이다. 그이를 야무진 살림 솜씨와 고운 눈썹을 가진 아이를 식구로 거느린 갑이라고 해두자. "머슴살이 하듯이/바친 청춘은/다 무엇인가"_{신동문, 「내 노동으로」}라는 시구처럼 갑은 머슴살이 하듯 제 뜻은 뒷전에 밀쳐두고 세월에 휘둘리며 살다보니 청춘은 지나가고 나이는 자꾸 먹는데 벌어놓은 것도 없고 번듯한 직장이나 직업은 없으니 벌이도 시원치 않다. 갑은 막막한 제 처지와 속내를 직접 토로하지 않고 슬쩍 빗대어 드러낸다. 그 사정은 이렇다.

갑은 막힌 하수도를 뚫은 노임 4만원을 영진설비 아저씨에게 갖다 주라는 아내의 명을 받고 집을 나선다. 가다가 비를 만났다. 갑은 럭키슈퍼 앞에서 비를 피하다가 그대로 주저앉아 병맥주를 마셨다. 두 번째로 길을 나섰다. 화원 앞을 지나다가 향에 취해 자스민 한 그루를 샀다. 영진설비에 4만 원 갖다 주는 하찮은 일조차 제대로 수행하지 못하는 갑을 대책없는 사람이라고 너무 몰아세우지 말자. 갑의 무능을 탓하는 일은 어려운 일이 아니다.

갑이 무능하다 해도 그이가 누구의 남편, 누구의 아버지로써 꿋꿋하게 이 세상을 견디고 살아내는 일은 심오한 일이다. 왜냐하면 누구에게나 "삶은 전대미문의 존재론적 사건"베르트랑 베르줄리, 『내가 행복해야만 하는 이유』이기 때문이다.

하수도가 막히고, 사람을 불러 막힌 하수도를 뚫는다. 뒤늦게 그 노임을 갖다 주는 일, 맥주 몇 병의 유혹에 지고, 자스민의 향에 취해 노임으로 지불할 4만 원을 써버리는 일 따위는 다 하찮고 범속한 삶에 속한다. 갑은 이 범속한 삶을 구체적 실존 안에서 몸으로 찾아내고 그 실감을 말한다. 이 삶은 범속할 수는 있겠지만 공허하지는 않다.

삶의 아기자기한 행복들, 불편과 결핍을 넘어서려는 분투, 악에 오염되지 않은 사람들의 덕성 들은 시의 문면 밖으로 비켜나 있지만 그것들이 우리 삶의 실팍한 내역이다. 바로 그것들 때문에 조화와 찢김 사이에 걸쳐져 있는 이 삶은 살아볼 만한 것이 되는 것이다.

아직 뚫지 못한 그 무엇이 있기에
오늘도 숲속 깊은 곳에서 쑥꾹새는 울고 비는 내리고
홀로 향기 잃은 나무 한 그루 문 밖에 섰나

살다 보면 천둥과 번개가 치고, 서리와 우박이 내리는 날도 있다. 그럴 때는 "산서리 맵차거든 풀 속에 얼굴 묻고/물여울 모질거든 바위 뒤에 붙으라네"신경림, 「목계장터」라는 시구의 지혜를 빌릴 필요가 있다. 살다 보면 무언가 막히는 일이 없지 않을 것이다. 막혀서 생긴 불편과 심란함은 막힌 것을 기어코 뚫어야만 해소가 된다. "아직 뚫지 못한" 그 무엇이 있어 쑥꾹새는 울고, 비는 내리고, 향기 잃은 나무는 문 밖에 서 있다. 쑥꾹새, 비, 향기 잃은 나무는 갑이다. 갑의 살림은 팍팍하나 거기에 아등바등 매달려 있지 않고, 그 가난을 관조하고 즐기는 한가로움과 존재의 충일이 느껴진다.

악은 진부한 외양을 하고 우리를 둘러싸고 가난은 몸과 마음을 옥죄고 짓누르지만, 우리는 쉽게 악의 구렁 속으로 굴러 떨어지지 않는다. 필경 가난이 여린 마음을 뻣세고 질기게 만들지는 못한다. 가난과 역경 속에서도 눈썹이 고운 아이들은 늠름하게 자라고, 살림 솜씨가 매운 아내는 가난이 만든 곤경을 잘 헤쳐 나가고 있는 까닭이다. 가족에 대한 깊은 신뢰와 애정은 닻이 되어서 이 세계 안에 나의 실존을 안정되게 고정시킨다.

내겐 아직 멀고 먼
영진설비 돈 갖다 주기

아마도 갑은 영진설비에 밀린 노임을 갖다 주지 못한 모양이다. 그렇다고 너무 자신을 자책하지는 말자. 그건 사람과 술과 나무를 좋아하는 갑에게 쉬운 일이 아니다. 진부한 악에 기어코 빠지지 않은 갑과 을은 저마다 현실의 토대에 뿌리를 내린 귀한 사람-꽃이다. 이 꽃은 저마다의 방식으로 향기를 풀어낸다. 궁지에 몰리더라도 그 어려움을 꿋꿋하게 감내하며 결코 야수로 변하지 않는 이 꽃들 사이에 사는 것은 고마운 일이다.

오늘, 우울하거나
명랑하거나

우리는 우호적이다.

분별이 없었다.

누구나 종말을 향해 나아갔다.

당신은 사랑을 잃고

나는 줄넘기를 했다.

내 영혼의 최저 고도에서

넘실거리는 음악,

음악은 정오의 희망곡,

우리는 언제나

정기적으로 흘러갔다.

누군가 지상의 마지막 시간을 보낼 때

냉소적인 자들은 세상을 움직였다.

거리에는 키스 신이 그려진

극장 간판이 걸려 있고

가을은 순조롭게 깊어갔다.

나는 사랑을 잃고

당신은 줄넘기를 하고

음악은 정오의 희망곡,

냉소적인 자들을 위해 우리는

최후까지

정오의 허공을 날아다녔다.

이장욱, 「정오의 희망곡」, 『정오의 희망곡』, 문학과지성사, 2006

시인은 제가 태어난 해를 특별한 방식으로 기억한다. "1968년이 오자/프라하의 봄이 끝났다/레드 제플린이 결성되었다/김수영이 죽었다"「좀비 산책」고 쓴다. 그해 연습생 신화를 쓴 프로야구선수 장종훈과 가수 신해철이 태어나고, 최초의 우주비행사 유리 가가린과 흑인 인권운동가 마틴 루터킹 2세, 그리고 헬렌 켈러가 죽었다. 그해 일본 소설가 가와바타 야스나리가 노벨문학상을 받고, 10월 12일에는 제19회 멕시코올림픽이 개막했다. 그해 1월에 내가 살던 동네로 북한 무장공비들이 청와대를 피습하기 위해 내려왔다. 그해 나는 중학교에 입학을 했고 겨울방학을 맞아 시골에 있었다.

그해에 수많은 사람들이 태어나고 죽었는데, 태어난 사람 중에 하나가 시인 이장욱이다. 나는 이장욱을 한 번도 만난 적이 없다. 대학에서 러시아 문학을 전공한 재기발랄한 이 시인은 시에서 비평으로, 그리고 소설로 제 문학의 외연을 확장해간다. 내가 아는 '이장욱'은 오로지 시집 『정오의 희망곡』에서 만난 이장욱이다. 그는 국가보안법이 있고, 갖가지 용의자들이 활보하고, 누군가는 복권을 사는 국가에서 태어나 "개인적인 관계로 가득"한 오늘에 불시착한다. 그는 녹색연합 회비를 자동이체로 내고, 진보정당인 민노당을 지지하고, 아이들과 자가용을 혐오한다. 기압골이 이동하고 그 이동에 따라 흐리거나 바람이 불거나 비가 온다. 날씨는 항상 예측 불가능인데, 그의 시에는 날씨에 대한 언급이 잦다. 그는 고백한다. "나에게는 신비로운 과거가 없으며,/나에게 늙으신 아버지가 있으며,/나는 오로지 지금 이곳에 있다"「결정」라고. 오늘을 낯선 시선으로 전생前生의 날처럼 바라보는 그의 시를 읽는다.

세계의 한 단면을 잘라 보여주는 「정오의 희망곡」의 시적 어조는 다소 우울하고 다소 명랑하다. '정오의 희망곡'은 한 라디오의 프로그램이었는데, 지금도 그 프로그램이 있는지 모르겠다. 먼저 정오라는 시각에 주목하자. "오전 열한 시에 나는 소리들을 흡수하였다./오전 열한 시에 나는 가능한 한 시끄러웠다./창문을 열고 수많은 목소리가 되었다"「소음들」. 그 오전 열한 시와 정오는 근본적으로 다른 시간대다.

정오는 밝아오는 새아침의 상쾌한 시작이 거덜이 나고, 사방에 빛이 넘치는 한낮에 도달하는 시각이다. 아침은 정오를 향한 전주곡이다. 정오에는 해가 하늘 한가운데 오고 그림자가 가장 짧아진다. 정오는 무지몽매의 표상인 어둠을 몰아내고 마침내 도달한 무오류의 시각이기 때문에 위대하다. 니체는 말한다. "한낮, 가장 짧은 그림자의 순간, 가장 긴 오류의 끝, 인류의 천장." 삶은 무오류가 아니다. 따라서 정오는 무오류가 아닌 사람들에게 무오류와 진리를 강요하는 잔혹한 고통의 순간이다. 정오에 이르러 하늘의 천장 한가운데 오게 된 태양은 사람들에게 그 분신인 듯 그림자를 선물한다. 그림자는 마치 우리 안에 숨어 있던 오류처럼 정오가 지나면서 점점 길어진다. 하나가 둘이 되고, 그 분열은 돌이킬 수 없는 사건이 되는 것이다.

자신의 오류성을 되새기는 정오는 그런 맥락에서 "영혼의 최저 고도"다. 그 최저 고도에 넘실거리는 "정오의 희망곡"이라니! "정오의 희망곡"은 희망을 정오의 시간마다 송출하겠다는 사회적 약속이지만 그것으로 우리 삶에 내장된 무수한 실패와 오류들이 근본적으로 바뀌는 일은 일어나지 않는다. 이 명랑하고 달콤한 가짜 희망들이 라디오가 켜진 모든 곳에 전달될 때는 인생의 아이러니를 되씹을 때다.

보라, 그 "정오의 희망곡"이 배달되는 순간에 무슨 일이 일어나는가를. "당신은 사랑을 잃고/나는 줄넘기를 했다." "정오의 희망곡"이 도처에 넘실거리는 바로 그 시각에도 사랑을 잃는 비극은 되풀이되고, 어디서나 줄넘기를 하는 사람은 존재한다. 줄넘기는 사랑이라는 이름으로 당신에게 의탁했던 제 존재를 되찾으려는 기획이다.

사랑이란 상대방의 가짜 구원자 노릇하기다. 내가 당신의 가짜 구원자 노릇하기를 그칠 때 사랑은 깨진다. "우리가 서로에게 가짜 구원자 노릇을 하고 있을 때, 당신과 나는 서로에게 악마이다. 이는 하루에도 열 번씩은 벌어지는 일이다"베르트랑 베르줄리.

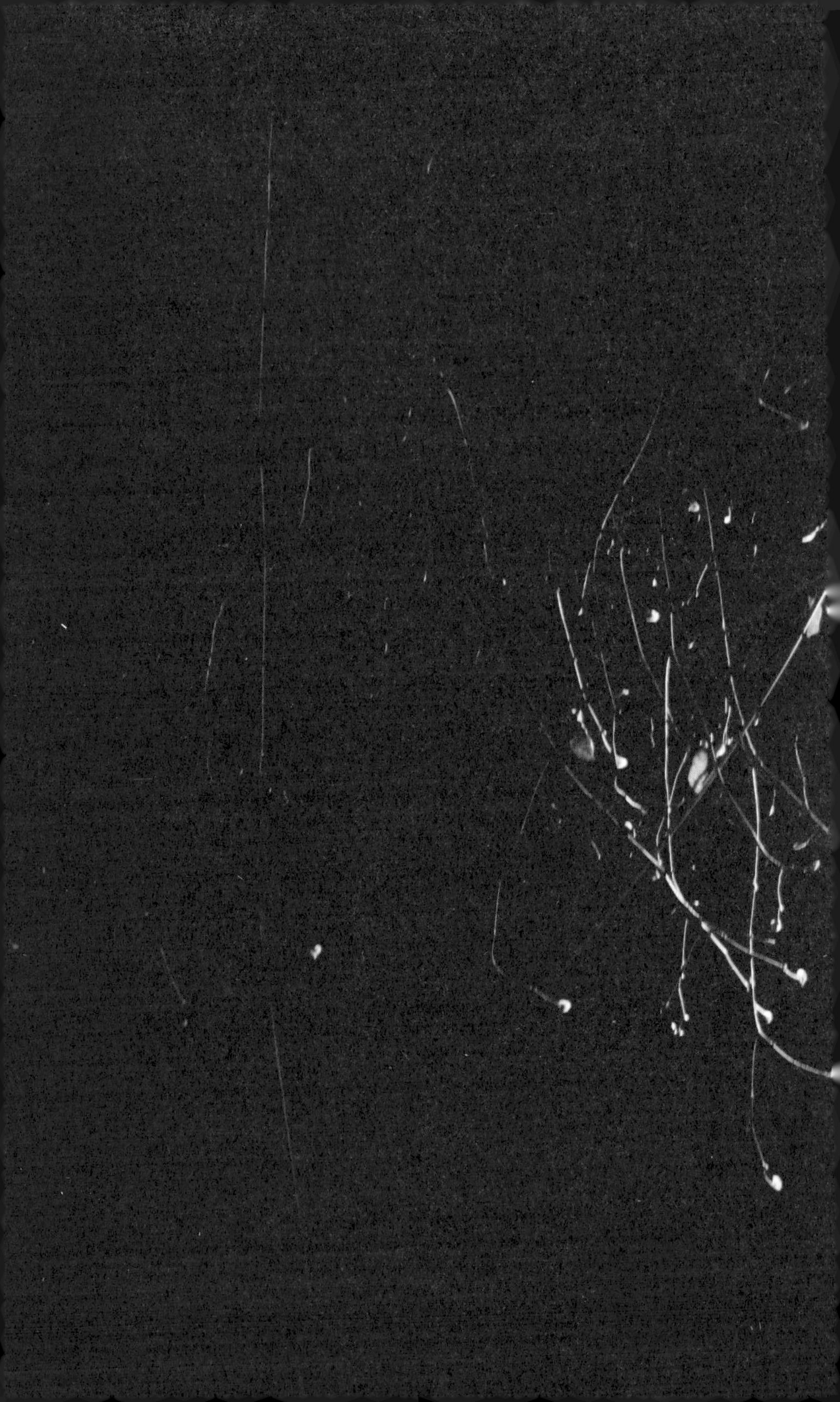

　　아울러 사랑이란 상대방 영혼을 식민지화하기, 한없는 수동성에 빠뜨려 무단으로 전유專有하는 방식이다.

　　달콤한 애무조차도 사실은 무의식의 층위에서 공격이며 비열한 함정이다. 애무의 본질은 "그가 나에게 던지는 시선과 자유를 포기하고 나에게 몸을 던져 오도록 하기 위해서 상대방에게 파놓은 함정이다. 수동성으로의 초대. 욕망의 대상을 자신의 끈끈한 살에 붙여 놓아 도망가지 못하도록 하고, 자신은 상대의 시선 아래에서 살지 않으려는 기도이다"알렝 핑켈크로트. 그런데 왜 하필 줄넘기일까? 물론 배드민턴을 치거나 역기를 들 수도 있을 것이다. 배드민턴은 상대가 필요하고, 역기는 너무 무겁지 않은가? 그러니 왜냐고 묻는 것은 사소한 것에 집착한다는 뜻이다. 시의 화자는 한사코 줄넘기를 한다. 당신이 사랑을 잃었다면 나도 언젠가는 사랑을 잃을 수 있다. 언젠가는 사랑을 잃을지 몰라. 그 불행한 예감 속에서 한낮은 기울고 "누구나 종말을 향해" 나아가고, "가을은 순조롭게 깊어갔다." 정말 세상은 순조롭기만 한 것일까? 아니다. 모든 순조로움은 그 안에 순조롭지 못함을 감추고 있다. 이것은 하나의 분식粉飾에 지나지 않는다. 아이들은 자라고, 어른들은 늙는다. 모든 것이 속절없이 종말의 시간을 향하여 흐를 때 "냉소적인 자들은 세상을 움직였다."

　　과연 불행의 예감은 현실이 되는 것일까. 인생은 잔걸음으로 빠르게 인파 속으로 걸어가는 병든 아이의 아버지와 같다. 나와 당신의 인생에서 일어났던 일들이 완벽하게 뒤집어진다. 전반부와는 상황이 정반대로 뒤집어지는 역전逆轉이 일어난다. "나는 사랑을 잃고/당신은 줄넘기를" 한다. 중국 도자기는 언젠가 깨지고, 잡상인은 끊임없이 닫힌 문을 두드리며, 화병의 꽃은 이내 시들기 마련이다.

한번 사랑을 잃은 자는 영원히 사랑을 잃는다. 이것이 나, 호모 센티멘탈리스의 생각이다. 빛으로 차고 넘치는 정오라고 공허와 암흑이 없는 것은 아니다. 정오는 모든 공허와 암흑을 제 이면에 가둔다. 정오의 태양은 이글거리며 모든 사물의 따귀를 올려붙인다. 누군가는 이빨을 닦고, 누군가는 똥을 싸고, 누군가는 동료와 잡담을 나누고, 누군가는 살인 충동에 시달리고, 누군가는 사랑을 잃고, 누군가는 줄넘기를 하고, 냉소적인 자들은 세상을 지배하는 법안을 기안할 때, 이 그림자가 짧아지는 정오의 시각 위로 김이 빠진 맥주처럼 "정오의 희망곡"이 쏟아진다. 모욕이나 욕설처럼. 삶이란 근본에서 사소한 비밀들을 지닌 채 살려는 노력이다. 냉소적인 자들은 우리가 지닌 그 사소한 비밀들을 추궁하고, 그것을 빌미로 모욕하고 처벌하겠다고 협박을 한다.

이 가을 아침에 나는 희미해진 당신의 얼굴을 떠올리며 줄넘기를 한다. 당신의 얼굴은 표상이 아니라 내 명령을 피해, 내게 흡수되기를 거절하고 간신히 도망간 바로 그 실재다. 레비나스는 그 얼굴을 "내 안에 있는 타자의 관념을 뛰어넘어 타자가 나타나는 방식"이라고 말한다. 내게서 도망간 수많은 얼굴들이 내 안에서 사소한 비밀들을 배양한다. 그 얼굴들이 배양하는 사소한 비밀들을 간직한 채 나는 오늘 줄넘기를 한다.

내 삶이 비루하고
구질구질하다 느낄 때

내 너무 별을 쳐다보아
별들은 더럽혀지지 않았을까
내 너무 하늘을 쳐다보아
하늘은 더럽혀지지 않았을까

별아, 어찌하랴
이 세상 무엇을 쳐다보리

흔들리며 흔들리며 걸어가던 거리
엉망으로 술에 취해 쓰러지던 골목에서
바라보면 너 눈물 같은 빛남
가슴 어지러움 황홀히 헹구어 비치는
이 찬란함마저 가질 수 없다면
나는 무엇으로 가난하랴

이성선, 「별을 보며」, 『산시』, 시와시학사, 1999

청결淸潔에의 목마름이 얼마나 크고 치열한 지는 시의 첫 연, "내 너무 별을 쳐다보아/별들은 더럽혀지지 않았을까/내 너무 하늘을 쳐다보아/하늘은 더럽혀지지 않았을까"에서부터 선명하게 드러난다. 자기의 더러움을 까발려 그것을 세상에 일러바치는 이런 태도는 거의 결벽증에 가깝다. 물론 아무리 더러운 사람이 본다고 별들이 더럽혀질 리가 없고, 하늘이 더럽혀질 까닭은 없다. 그런데 이 시인은 더럽혀질 까닭이 없는 별과 하늘이 저로 인해 더럽혀질까 걱정한다. 아마도 시인 자신은 몸과 마음이 걱정할 만큼 더러운 사람이 아니었을 것이다. 더러운 것은 불의가 극성을 부리며 창궐하는 이 세상이다.

시인은 세상의 불의에 대해 일말의 책임감을 갖고 있다. 그 불의를 앞에 두고 스스로의 비겁함을 부끄러워하는 마음이 나—세상은 더러운 것이라는 생각에 이르게 했을 것이다. 한마디로 시인은 수오지심羞惡之心이 잘 발달한 사람이었을 것이다.

시인도 혹시 『맹자』를 읽었을까? "인의를 지향해 노력하는 것은 우물 파는 것에 비유할 수 있다. 우물을 아홉 길이나 되도록 팠더라도 물이 솟아나는 데까지 도달하지 못했으면 우물을 포기한 것이나 마찬가지이다"「진심 상」 29. 우물을 아홉 길이나 팠으나 물이 솟아나는 데까지 이르지 못했다. 결과만 놓고 보았을 때 이는 우물을 파지 않은 것과 같다. 제 마음을 닦고 바름에서 벗어나지 않으려 애썼으나 그 마음의 밝음이 세상을 비추는 데까지 나아가지 못했다면 그것은 하지 않음과 같다.

시인의 조용한 기질 탓에 제 마음이 세상의 오탁에 물들지 않
게 조심은 했으나, 세상의 오탁을 없애는 데까지는 나아가지 못했음
을 괴로워했을 것이다. 나라는 개별자는 이 세상을 이루는 한 조각
이기 때문이다. 그리하여 세상이 더럽다면 나도 더러운 것이다. "흔
들리며 흔들리며 걸어가던 거리/엉망으로 술에 취해 쓰러지던 골목
에서"와 같은 구절에 그 괴로움의 흔적이 고스란히 배어나온다.

어쨌든 시인은 무엇보다도 간절하게 깨끗함을 사모하고 깨끗하
게 살고자 하는 열망을 가졌던 사람이다. 이 청결에의 목마름은 곧
도덕적 정결에의 목마름으로 이어진다. 이는 청년 윤동주가 「서시」
에서 "죽는 날까지 하늘을 우러러/한 점 부끄럼이 없기를/잎새에 이
는 바람에도/나는 괴로워했다"라고 보여준 고결함에의 의지와도 하
나로 포개진다. 과연 삶의 비루함과 황막함에 "엉망으로 술에 취해
쓰러지던 골목"지상과 취한 눈으로 "바라보면 너 눈물 같은 빛남"천
상은 뚜렷하게 대조된다. 몸은 세속의 오탁에 묻어 더럽고, 별은 그
오탁과 무관하게 깨끗함으로 빛난다.

오늘날 깨끗하게 사는 일은 정말 어려운 일이 되고 말았다. 세
상이 온통 불의하기 때문이다. 우리 모두는 그 불의에 알게 모르게
연루되어 있다. 마치 제 옷이 아무리 백옥같이 희다 해도 숯 만지는
일을 하는 사람이라면 숯검댕이를 묻히지 않을 도리가 없는 것과
같다. 양심이 예민한 사람이라면 그 점을 부끄러워할 것이다. 이 시

를 읽을 때마다 나는 부끄럽다. 내 고결에의 의지가 시인만큼 단호하거나 치열하지 못하니까. 그럼에도 이 시를 자주 읽는 것은 이미 내 안에 자리잡은 오탁의 얼룩과 근심, 어지러움들이 "황홀히 헹구어"지는 까닭이다. 「별을 보며」의 마지막 구절, "이 찬란함마저 가질 수 없다면/나는 무엇으로 가난하랴"를 읽을 때는 내 비루한 가난과 구질구질한 삶의 내역조차 알 수 없는 투명함을 머금는다.

시인들이란 저를 희생하여 독자들을 세속의 더러움에 대한 대속代贖에 이르게 하는 하염없는 자들이 아닌가! 이성선 시인은 그것을 시로써, 생명을 거는 실천으로써 우리에게 보여주었다. 60세를 일기로 이승의 삶을 마치고 하늘로 돌아간 이성선 시인에게는 2000년에 마지막으로 펴낸 『내 몸에 우주가 손을 얹었다』 등을 포함해 12권의 시집이 있다. 시인은 설악雪嶽의 발치에서 태어나 설악을 보듬고 살다가 설악에서 죽었으니 천상 설악의 시인이다. 그랬으니 마음도 투명했으리! 그랬으니 세속의 한 점 오탁汚濁에도 마음에 괴로움이 들끓었으리!

아침이었는데
　　　벌써 저녁이다

───────

무엇도

기다리지 않고

무엇에도

사로잡히지 않은 채

홀로

하루를 보낸다

설렘 없이

울렁증 없이

슬픔 없이

그저 담배 한 개비를 피워 물 뿐이다

그런 마음이다

견디는 바 없이 보내는

이런 드문 하루는

가볍고 가볍다

내가 나에게 주는

선물

가을이

눈동자만큼 깊다

아침이었는데

벌써

저녁이다

하루살이들은 다 어디로 갔을까

강기원, 「어떤 하루」, 『바다로 가득 찬 책』, 민음사, 2006

여름 불볕더위가 끝나고 나면 돌연 가을이 당도한다. 홀연히 어느 아침에 도착한 가을은 '나'의 살아있음을 기적奇蹟으로 되돌려준다. 도처에 웅크리고 있던 습기는 증발하고, 수목들의 녹색도 다소 옅어져 순해 보인다. 하늘은 투명하고 그 아래 알 수 없는 장소들을 향해 뻗어있는 길들은 밝고 환하다. 세상의 불운과 비관들은 줄고 투명함과 낙관들 속에서 기쁨과 평화의 부피들이 공기 안에서 그 비중을 조금씩 늘려간다.

가을은 내 안의 주파수를 진동시킨다. 수많은 진동 속에서 나는 가을의 주파수를 포착하고 가을의 기척을 느낀다. 한 시인은 "과목에 과물果物들이 무르익어 있는 사태처럼/나를 경악케 하는 것은 없다"박성룡, 「과목」라고 쓴다. 홀연히 닥치는 모든 사물과 존재의 물적 전환이야말로 기적이다. 이 가을은 많은 기적들을 품은 우주적 가을이 아닌가!

무엇도
기다리지 않고
무엇에도
사로잡히지 않은 채
홀로
하루를 보낸다

가을의 어느 하루가 우주적인 것은 '나'는 그 "무엇"도, 그 "무엇"에도 포획되지 않은 채 온전히 자유롭기 때문이다. '나'는 한없이 가벼워지고, 그 가벼움은 자유로 제 몸을 바꿔 '나'의 현존으로 속속들이 스며든다. '나'는 내가 생각했던 것보다 훨씬 더 가볍고 자유로운 존재다.

설렘 없이
울렁증 없이
슬픔 없이
그저 담배 한 개비를 피워 물 뿐이다

당신에겐 이런 가을의 하루가 없었는가? 아무 사건이 없는 하루. 건조하고 무미하게 보낸 하루. 어떤 윤리적 회의도 없이 미래에 대한 기대도 없이 타자에게서 오는 공포나 절망도 없이 "그저 담배

한 개"에 기대어 충족감을 느낀 하루는 그 안에 내재된 진부함들 때문에 역설적으로 다른 날들과 구별되고 성화聖化한다. 이제 "가을은/눈동자만큼 깊다". 눈동자만큼 깊다는 것은 얕다는 것인가, 아니면 깊이를 가늠할 수 없을 만큼 깊다는 것인가? 알 수 없다. 가을의 깊이를 눈동자와 연결시킨 이 구절은 묘한 울림을 준다. 문득 혼자로 돌아간 이 시의 화자를 둘러싼 조용한 고립과 유폐는 "아침이었는데/벌써/저녁이다"라는 시구에서 돌올하게 새겨진다.

우리는 여름을 견디고 살아 있고, 가을 저녁에는 "하루살이들은 다 어디로 갔을까"라는 사소한 의문들을 품는다. 가을이 와도 당신의 손톱은 자라고 머리칼도 자란다. 가을의 초입에서 나는 자란 손톱을 자르고 머리칼도 자른다. 어젯밤엔 눈썹 몇 올이 빠지고 도자기를 떨어뜨려 깨는 꿈을 꾸었으니, 내일은 삼청동에 가서 점찍어 두었던 골동품을 사고, 저녁에는 혼자 여름내 그을린 수족과 건강을 자축하며 일본 술 몇 잔을 마실 것이다. 인간 류類에 속한다는 사실은 그런 것. 「어떤 하루」는 가을이 품고 있는 허허로움과 낙관성을 통해 '나'는 곧 나에게로 이르는 길과 다른 것임이 아니고, 내 의지와 상관없이 주어진 그것이 무상의 선물임을 각인시킨다.

「어떤 하루」를 제대로 읽으려면 식육과 흡혈의 상상력으로 가득 찬 『바다로 가득 찬 책』을 읽어야 한다. 시인은 사람살이의 본질이 먹고 먹힘에 있음을 밝혀낸다. 나를 썰고 익혀서 먹이는 일은 '너'의 허기에 '나'를 바쳐 충족시키는 이타적 윤리의 탄생이 아니다. 차라리 그건 '나'를 의문시하는 타자에게 나—타자의 동일성을 입증하려는 욕망에서 비롯하는 우발적 사건이다.

『바다로 가득 찬 책』 도처에서 "노릇하고 바삭하게 구워진 나"를 "그대만을 위해 내어 드"리는「베이글 만들기」 자기희생의 흔적들, "더 이상 우려낼 무엇도 없어질 때까지/푹푹 고아/(중략)/설마/나인 줄은 모르게/감쪽같이 뽀얘져서/고추 후추 듬뿍 뿌려/나인 듯 아닌 듯/자 드세요"「곰국」라는 청유들, "내 끊어진 애와/벙어리 가슴과/텅 빈 아기집도 들어내/한 말 굵은 소금에 절여 볼까/(중략)/그게 나인 줄도 모르고/삼켜"지기를「절여진 슬픔」 바라는 애절한 갈구들을 찾아낼 수 있다.

사랑이란 내 몸을 사랑하는 너에게 먹이는 행위다. 그 역도 성립할 터다. 허기진 네게 나를 먹이기, 혹은 허기진 내가 너를 먹는 일은 사랑이 타자의 내입임을 말해준다. 강기원의 시를 벌겋게 물들이고 있는 식육의 상상력은 한 철학자가 제출한 "고통 받는 모든 인간은 고기에 속한다"들뢰즈,「감각의 논리」라는 명제와 겹쳐진다. 우리가 서로에 대해 "고기"라면 나는 너를, 너는 나를 먹고 씹고 삼키고 들이킬 수 있게 된다. 사람은 "고기"일 뿐만 아니라 피와 체액으로 채워진 말랑말랑한 존재다. 그리하여 액체인 우리는 액체로써 흘러가고 서로의 살을 뚫고 삼투한다. "내가 네게로 흘러간다/네가 내게로 흘러든다"「흡혈」,「은하가 은하를 관통하는 밤」. 이 흘러듦으로 우리는 차오르고 비워지며, "만발하고 시든다"「흡혈」. 타자를 욕망함을 생래적으로 타고 난 사람에게 상상세계에서의 이 식육과 흡혈 행위들은 실은 타자 살해의 무의식적인 몸짓이다.

사랑함이란 날마다 사랑의 이름으로 작은 살인들을 저지르는 일이다. 이 저지름은 우리 안에서 소용돌이치는 소통의 욕망을 드러낸다. 존재는 소통이고, 소통의 욕망함 그 자체다! 이 죽임이 말하는 것은 역설인데, 타자는 결코 살해될 수 없다는 사실이다. 우리의 원죄는 타자들의 세계 속에 우리가 출현했다는 사실 자체, 그리고 닿을 수 없는 곳에 닿고자 함에 있다.

어느
신명나는 날

자전거 짐받이에서 술통들이 뛰고 있다

풀 비린내가 바퀴살을 돌린다

바퀴살이 술을 튀긴다

자갈들이 한 치씩 뛰어 술통을 넘는다

술통을 넘어 풀밭에 떨어진다

시골길이 술을 마신다

비틀거린다

저 주막집까지 뛰는 술통들의 즐거움

주모가 나와 섰다

술통들이 뛰어내린다

길이 치마 속으로 들어가 죽는다

송수권, 「시골길 또는 술통」, 『시골길 또는 술통』, 종려나무, 2007

어느덧 시인의 시력이 서른 해를 훌쩍 넘어섰다. 그이는 덧없는 세월만 보낸 게 아니라 십장생 무늬 같은, 육간 대청마루에 뜨는 불빛 같은 시들로 득음得音의 경지에 올랐다. 그이는 호남의 신명과 흥과 슬픔을 담아내는 시들로 일가를 이루고 가히 '옥당玉堂이다!'라는 찬탄을 들을 만한 자리에 우뚝하니 섰다.

올해 늦은 봄 지리산 화엄사 아래에서 시인을 처음으로 만났다. 남도에 햇볕에 얼굴이 검게 그을린 시인은 유기농 농사를 짓는 토박이 농부 같았다. 임방울林芳蔚의 「쑥대머리」와 같이 남도 서정의 채도彩度가 높은 그이의 시들을 필독한 독자로서 나는 시인의 손을 반갑게 잡았다. 그이의 손은 씨감자와 같이 거칠거칠하면서도 따뜻했다.

송수권의 시에는 생취生趣가 있다. 아침에 피었다가 저녁에 지는 꽃에도 이 생취를 불어넣으면 시드는 꽃도 금강체의 빛과 향기로 형형해진다. 남도의 풍류가 생취를 만나 이룬 것이 송수권의 시의 리듬이요, 가락이다. 그이의 시세계 밑바닥을 흥건하게 적시며 흐르는 유장한 서정성은 서정주, 박재삼 이후의 절창이다. 송수권 시의 "세류청청細柳靑靑 휘늘어진 말씨로만 빚은 서정시"에 담긴 슬픔과 흥겨움은 북방의 김소월이나 백석이 도달한 서정성과는 또 다른 남방의 가락이요, 곰삭은 장맛과 같은 깊은 서정성이다.

한 화가가 절의 벽에 용 네 마리를 그렸다. 그런데 굳이 용의 눈동자에 점을 찍지 않았다. 사람들이 이상하게 여겨 그 까닭을 물으니, 점을 찍으면 용이 하늘로 올라가버릴 것이라고 말했다. 사람들이 화가의 말을 크게 비웃었다. 화가가 마지못해 한 마리의 용의 눈

동자에 점을 찍었다. 그 순간 천둥과 번개가 치더니 한 마리가 꿈틀거리며 구름을 타고 하늘로 솟구쳐 올라갔다. 화룡점정畵龍點睛이라는 말에 얽힌 고사다. 빼어난 재능을 가진 예인들은 병풍 속의 닭을 울게 하고, 벽 속의 용을 하늘로 솟게 한다. 청의 오대수는 『시벌詩筏』에서 이렇게 쓴다. "대개 뛰어난 솜씨의 시인이 구절을 단련하는 것은 지팡이를 던져 용으로 변하게 하여 꿈틀거리며 솟아오르는 것과 같아서, 한 구절의 영활靈活함이 전편을 모두 살아 움직이게 한다. 또 글자를 단련함은 용을 그려 눈동자를 찍자 용이 번드쳐 솟구침과 같아, 한 글자의 빼어남이 전구를 모두 기이하게 할 수 있다."*

대저 문장에 뜻을 둔 자는 "지팡이를 던져 용으로 변하게 하여 꿈틀거리"는 신기神技를 꿈꿀 일이다. 자, 그 솜씨가 무르익어 가히 신기를 넘보는 자의 솜씨를 한번 감상해보자. 여기 시골길이 있다. 보라, 시골길 전체가 살아 꿈틀거린다. 자전거, 자전거 짐받이 위의 술통들, 자전거 페달을 밟는 이, 자갈이 박힌 시골길, 풀섶들이 다 살아 영동靈動한다. 술통과 길, 사람과 자전거, 들숨과 날숨을 쉬는 것과 그렇지 않은 것, 즉 객체와 주체가 한 몸으로 놀아나는데, 그 어느 하나 멈춰 있는 것이 없다. 뛰고, 돌리고, 튀기고, 넘고, 떨어지고, 마시고, 비틀거린다.

이 움직씨동사의 주동자들은 시골길 위에 있다. 자갈을 밟고 그 반동으로 공중에 튀는 자전거. 자전거만 솟는 게 아니다. 짐받이 위

---

* 여기서는 정민, 『한시미학산책』, 솔, 1996에서 재인용.

의 사람도 솟고 술통들도 솟는다. 그 바람에 술통들이 멀미를 참지 못하고 제 몸속에 그득 찬 술의 일부를 밖으로 덜어낸다. 그 바람에 시골길이 단박에 취하고 만다. 술은 액화된 불이다. 술은 취기의 혼몽함으로 현실과 비현실의 경계를 지운다. 술은 즐거움 속에서 영각靈覺으로 나아가게 하는 마법의 물이다. 취한 눈은 진흙 속에서 극락을 보고, 바다 속에서 살롱을 본다. 이게 술의 비의다.

다시 시를 찬찬이 읽어보자. 누군가 술 배달이라도 가는지 자전거 짐받이에 술통들을 싣고 시골길을 간다. 포장을 하지 않아 자갈들이 울퉁불퉁 튀어나온 시골길을 가는 자전거는 자갈들과 함께 오르락내리락 춤을 춘다. 풀 비린내는 자전거 바퀴살을 돌리고, 짐받이 위에 실은 술통들은 뛴다. 그때마다 술통에서 술이 넘어 길바닥이며 풀섶으로 튄다. 이 술을 넙죽넙죽 받아먹은 시골길이 이윽고 취한다. 술에 취해 비틀거리는 시골길을 달리자니 자전거는 더욱 비틀거릴 수밖에 없다. 자전거와 시골길과 풀섶이 함께 취한다. 자전거를 모는 이는 취흥에 겨워 세월아 네월아 하며 한가롭게 시골길을 간다. 자전거 페달을 밟는 이 사내가 입을 다물고 있을 리가 없다. 구수한 유행가 한 자락이라도 흘러나왔으리라. 술도가에서는 떠난 지 오래라는 기별을 받았건만 하마 기다려도 술 배달이 오지 않으니 마음이 급한 주모가 길 밖으로 나와 기다린다.

당신은 "저 주막집까지 뛰는 술통들의 즐거움"을 아는가? 모른다고? 그렇다면 달마가 서쪽에서 동쪽으로 온 까닭은? 아무 까닭도 없다. 다시 묻겠다. 술통들이 술도가에서 주막에 온 까닭은? 이승의 서름과 신명과 즐거움 때문이다. 술을 마시고 신명이 오르면 세상은 무릉도원이요, 시름과 걱정이 사라진 피안으로 변한다. 술이 평등하게 내리는 축복 속에서 사람들은 신명에 지펴 눌리고 찢긴 제 마음을 다독이고 달랜다.

세상 안에서 감히 세상 밖으로 나가볼 수 있는 것은 술이 베푸는 은덕이다. 술의 즐거움은 그 태반이 망각에서 오는 즐거움이다. 술통들은 그 즐거움 때문에 주막집까지 뛰어간다. 물론 술통들은 자전거 짐받이 위에서 자갈의 반동으로 뛰어오른 자전거와 함께 공중으로 뛰어오른 것이겠지만, 시인의 눈에는 마치 술통들이 흥에 겨워 뛰어서 주막까지 온 것으로 느껴진다. 애면글면하는 세상살이가 이 술통들 때문에 즐거워지는 것이 아닌가? 술통에서 넘쳐나온 술을 냉큼냉큼 받아 마신 길은 어찌 되었을까? 이미 시골길은 음주과량飮酒過量, 몽롱한 취기에 널브러져 주모의 치맛자락에 숨어 죽은 듯 잠들었다.

내 안의 집착에
　　　진절머리가 나면

―――――――――

길이 있다면, 어디 두천쯤에나 가서
강원남도 울진군 북면의
버려진 너와집이나 얻어 들겠네 거기서
한 마장 다시 화전에 그슬린 말재를 넘어
눈 아래 골짜기에 들었다가 길을 잃겠네
저 비탈 바다 온통 단풍 불붙을 때
너와집 썩은 나무껍질에도 배어든 연기가 매워서
집이 없는 사람 거기서도 눈물 잣겠네

쪽문을 열면 더욱 쓸쓸해진 개옻 그늘과
문득 죽음과, 들풀처럼 버팅길 남은 가을과
길이 있다면, 시간 비껴
길 찾아가는 사람들 아무도 기억 못하는 두천
그런 살길에 접어들어
함께 불붙는 몸으로 골짜기 가득
구름 연기 첩첩 채워 넣고서

사무친 세간의 슬픔 저버리지 못한

세월마저 허물어버린 뒤

주저앉을 듯 겨우겨우 서 있는 저기 너와집

토방 밖에는 황토 흙빛 강아지 한 마리 키우겠네

부뚜막에 쪼그려 수제비 뜨는 나어린 처녀의

외간 남자가 되어

아주 잊었던 연모 머리 위의 별처럼 띄워놓고

그 물색으로 마음은 비포장도로처럼 덜컹거리겠네

강원남도 울진군 북면

매봉산 넘어 원당 지나서 두천

따라오는 등 뒤의 오솔길도 아주 지우겠네

마침내 돌아서지 않겠네

김명인, 「너와집 한 채」, 『따뜻한 적막』, 문학과지성사, 2006

때때로 삶이 팍팍하고 고달플 때, 누군들 비포장도로를 열 몇 시간쯤 달려 길의 저 끝에 홀연히 열리는 낯선 너와집에 숨어들어 "나 어린 처녀의 외간 남자"가 되어 소금이나 핥으며 한가롭게 사는 꿈을 꾸지 않으랴! 속세를 등지고 세상 아무도 모르는 곳에서 외딴 행복을 오롯하게 누리고 싶지 않은 자가 어디 있으랴.

그곳은 강원남도 울진군 북면에서도 한참 더 들어가는 곳, 화전에 그슬린 말재 너머 외딴 골짜기에 너와집 한 채가 있다. "따라오는 등 뒤의 오솔길도 아주 지우"고 첩첩 산 너머 꼭꼭 숨은 그곳에서 은일자의 삶을 살고 싶다. 들어오는 길을 지워버렸으니 나가는 길은 없다. 없으면 있는 자에게 아첨하고, 있으면 없는 자 위에 군림하며 교만을 부린다. 그게 세상이다. 그런 세상과의 일체 인연이 끊긴 곳이니 세상 사람들이 욕망하는 부귀영화라는 것도 다 덧없다.

이곳에는 치과의사도, 주유소도, 경찰서도, 세무서도, 부동산 중개인도 없다. 하루 종일 기다려도 사람 그림자 하나 비치지 않는 곳이다. 있는 것이라곤, 화전민이 살다 떠나 빈 너와집 한 채, "쪽문을 열면 더욱 쓸쓸해진 개옻 그늘" "문득 죽음과, 들풀처럼 버팅길 남은 가을", 그리고 "황토 흙빛 강아지 한 마리" "부뚜막에 쪼그려 수제비 뜨는 나 어린 처녀"뿐이다. 봄이면 어린 약초들 돋는 걸 보고, 가을이면 골짜기와 구릉을 온통 덮으며 타오르는 단풍이나 보고, 폭설 내려 길 끊긴 한겨울에는 너와집에 틀어박혀 화투패로 점이나 칠 것이다. 나 어린 처자와 함께 돌밭을 일궈 겨우 감자나 심어 수확을 한 뒤 부엌 한켠에 저장해두었으니 겨우내 식량 걱정은 없다. 가자미나 꽁치와 같은 비린 것이나 갓 구워낸 빵을 먹고 싶을 때 저쪽 너머 세상을 잠깐 떠올려 볼 것이다.

『논어』에 나오는 얘기다. 공자가 노나라의 권세가들의 미움을 사서 고향을 떠나 표랑의 길로 나선 것은 56세 때였다. 공자는 "나를 알아주는 이가 없구나"하고 괴로워했다. 제자 자로가 말했다. "어찌 알아주는 이가 없다 하십니까?" 공자가 말했다. "하늘을 원망하지 않고, 사람을 허물하지 않으며, 아래로 낮은 것부터 배워 위로 천명을 깨달았으니, 나를 아는 자 저 하늘일까?" 정처없이 떠돌던 공자는 위나라에 있던 자로의 처남 안수유의 집에서 머물렀다. 위 나라 임금 영공은 공자를 붙잡고 싶었지만 아직 어떤 직책을 줄지 결정을 못한 때였다. 공자는 시를 읊고, 거문고 타고, 경쇠를 치며 세월을 보냈다.

어느 날 공자가 경쇠를 치고 있는데, 마침 삼태기를 메고 흰옷을 입은 자가 공자의 집 문앞을 지나다, "유심하다, 경쇠를 치는 소리"하고 혼잣말을 했다. 경쇠 소리가 맑고 듣기에 좋았으나 그 소리에 아직 야심이 있다고 생각했다. 사내가 말을 이었다.

"비루하다, 그 집착이여. 세상이 알아주지 않으면 물러서면 되고, 물이 깊으면 바지를 벗으면 되고, 얕으면 바지를 걷고 건너면 되리라."

제자 염유가 문을 밀치고 밖으로 나서다가 그자의 말을 우연히 들었다. "경쇠를 치는 사람은 지금 세상에 성인이라 불릴 만한 사람이네." 그러자 사내가 말했다. "어지간히 융통성이 없는 성인이시지." 그 말만 남기고 사내는 노래를 부르며 홀연히 자리를 떠났다.

공자가 자초지종을 듣고 말했다. "그렇겠지. 그렇게 생각하면 과감함도 어렵지 아니하리라."

경쇠 소리만 듣고도 공자의 집착과 야심을 눈치챈 삼태기를 멘 사람은 예사 인물이 아닐 것이다.

　물론 나는 공자의 경륜이나 지혜에 견줄 바가 없는 범속한 사람이다. 공자는 성인으로 추앙받는 훌륭한 인물이다. 허나 나는 공자보다는 경쇠 소리만을 듣고 공자의 집착을 읽어낸 삼태기를 멘 사내가 되고 싶다. 내 안에도 비루한 집착이 많이 있는 까닭이다. 조금이라도 집착과 욕심이 있다면, "토방 밖에는 황토 흙빛 강아지 한 마리 키우"고, "부뚜막에 쪼그려 수제비 뜨는 나어린 처녀"의 "외간 남자"로 사는 삶에 만족할 수는 없으리라. 살다 지치고 내 안의 집착에 진절머리가 나면 저 울진군 북면 너머 깊은 산 골짜기에 있다는 빈 너와집 한 채를 꿈꿀 수는 있으리라.

　해가 뜨면 일어나고 해가 지면 잠들고, 저 바깥세상 사람들이 능히 바쁜 돈과 명예를 구하는 일에는 한가롭고 그들이 한쪽으로 밀쳐놓은 한량으로 사는 것이나 느림 따위에는 부지런을 떨고 싶다. 나는 어린 처녀에게 생계를 의탁하며 기생하는 남자로 살고 싶지는 않다. 일을 잘하는 씩씩한 사내가 되고 싶다. 물론 이 생에서는 가망없는 꿈이다.

　소설가 박경리가 남긴 시 「일 잘하는 사내」에 나온다. "다시 태어나면/무엇이 되고 싶은가/젊은 눈망울들/나를 바라보며 물었다/다시 태어나면/일 잘하는 사내를 만나/깊고 깊은 산골에서/농사짓고 살고 싶다/내 대답/돌아가는 길에/그들은 울었다고 전해 들었다/왜 울었을까." 해가 뜨면 일어나고 해가 지면 잠드는 것은 우주의 순리에 따르는 삶이다. 길이 있다면, 정말 길이 있다면, 나는 우주의 순리에 순응하고, 땅의 본질이 요구하는 바대로 살고 싶다.

　그럴려면 먼저 휘어지고 구부러지지 않는 마음의 단호함이 있어야 한다. "따라오는 등 뒤의 오솔길도 아주 지우겠네/마침내 돌아서지 않겠네." 첩첩 산골로 들어오는 등 뒤의 길을 아예 지워버리는 은둔자의 마음과 세속과 영리를 마음에서 내려놓고 입산하는 수도자의 마음은 하나다.

심심하면,
그래도 심심하면

공작산 수다사로

물미나리나 보러 갈까

패랭이꽃 보러 갈까

구죽죽 비는 오시는 날

수타사 요사채 아랫목으로

젖은 발 말리러 갈까

들창 너머 먼 산이나 종일 보러 갈까

오늘도 어제도 그제도 비 오시는 날

늘어진 물푸레 곁에서 함박꽃이나 한참 보다가

늙은 부처님께 절도 두어 자리 해바치고

심심하면

그래도 심심하면

없는 작은 며느리라도 불러 민화투나 칠까

수타사 공양주한테, 네기럴

누룽지나 한 덩어리 얻어먹으러 갈까

긴 긴 장마

김사인, 「장마」, 『가만히 좋아하는』, 창비, 2006

　　김사인은 깨끗한 이마와 서늘한 눈매, 눈웃음이 선량한 사람마다 겉보기로 한없이 온화한데, 그 온화함은 무른 내면의 징표가 아니다. 개결하고 단정한 선비의 풍모를 가진 그이의 내면은 옳고 그름의 분별에 민감하고, 내면 사람은 제 처신에 엄격하고 인의가 삼엄하다. 그이는 삼엄하지만 늘 삼엄한 사람이 아니다. 그늘이거나 가는 비, 뒷모습, 풀들의 외로운 떨림과 같은 가녀린 것들을 향한 연민과 비애는 깊어 늘 다정하니, 그 다정함을 흠모하고 따르는 후학들이 많다.

　　그이가 서슬이 시퍼렇던 독재 시대에 달마다 『노동해방문학』을 내며 반체제의 최전선에서 싸운 전사戰士였다는 사실에서 내면 사람의 삼엄함이 슬쩍 드러난다. 이 다정한 이가 시대의 호명에 따라 반체제의 전위에 서서 싸웠다. 학살의 피를 묻힌 손으로 권력을 잡은 얍삽한 독재자들이 그이를 지명 수배자로 지목하고, 잠행하는 그이를 붙잡으려고 공안당국은 혈안이 되곤 했다. 그 시절에는 잘 먹고 잘 사는 게 죄였다. 그이는 그 시절에 잘 못 먹고 잘 못 살았다.

　　그이는 아주 느릿느릿 말한다. 충청도 억양의 말과 말 사이의 간격은 아주 멀어서 앞말과 뒷말은 그 의미의 끈을 가까스로 이어간다. 숨결을 가진 생명인 듯 어린 말들이 자라나기를 기다리며 그것을 천천히 부려 쓰는 사람이다. 어린 말들은 입속에서 영혼을 키운 뒤 스스로 뜻을 세우고 세상에 나오는 것이다. 마치 위빠싸나 수행자의 걸음만큼이나 느린 말은 유장하고 또 유장하다. 그이의 글과 글 사이의 간격은 말보다 조금 더 멀다. 봄 모란 움 돋을 때 시작한 문장이 가을 단풍들고 서리 내릴 즈음에야 마침표가 찍힌다. 그이가 진행하던 불교방송의 한 프로그램에 1년간 나간 적이 있다. 대개는 심야시간대의 생방生放이었다. 거의 한 시간여를 책 한 권을 갖고 얘기를 나누는데, 아무 원고도 없었다. 원고 없이도 호흡이 잘 맞았고, 두 사람이 주고받는 얘기를 일부러 기다린다는 사람도 꽤 있었다. 방송에서 물러난 뒤 그이와 나는 만날 일이 뜸해졌다. 그이의 첫시집과 두 번째 시집 사이의 간격은 19년이다. 그이의 두 번째 시집 『가만히 좋아하는』은 백석 『사슴』 이후의 절창이다.

장마는 긴 비다. 오늘도 어제도 그제도 내리는 비가 장마다. 길게 내려서 물은 땅을 적시고 흐르며 흐르다가 다시 하늘로 올라가는 우주적 순환을 한다. 물은 구름으로 떠돌다가 다시 땅으로 내려오고, 낮은 곳에 거하다가 다시 하늘로 돌아간다. 노자는 낮은 곳에 거하는 물의 덕을 찬양한다. "가장 훌륭한 덕은 물과 같다. 물은 만물을 이롭게 하지만 다투지 않고, 주로 사람들이 싫어하는 곳에 처한다"노자, 『도덕경』 제8장. 물은 저를 막아서는 장애물을 만나면 감아 돌거나 휘돌아 낮은 곳으로 밤낮없이 나간다. 공자는 강가에 서서 "지나가는 것은 다 이와 같구나. 밤낮으로 흐르되 그 흐름이 약해지지 않는구나." 했다. 물은 동양의 사상가들이 편애한 뿌리─은유다.

물은 생명의 양육과 관련이 깊다. 지구 밖의 행성에서 고도 생명체가 있는가, 없는가를 판단할 때 물의 흔적을 찾는 까닭도 거기에 있다. 물이 없다면 생명체도 없는 것이다. 물은 만물의 근원이다. 물은 만물을 낳고 젖을 먹여 기르는 어미다.

「장마」는 물의 철학적 뜻을 궁구하지 않는다. 장마 탓으로 외부 활동에 제약을 받는 동안의 심심함을 노래한다. 수족 부리는 일을 그만 두고 빈둥거리는 것도 하루 이틀이지, 그게 더 길어지면 진력이 난다. 심심함에 거하는 일은 스스로에 대한 적극적인 태만이다. 이 태만의 본질은 생산과 뜻을 향한 게으름이요, 파업이다. 결국 명리의 회피요, 마치 선정禪定에 들듯 자기방기의 퇴폐에 드는 것이다. 무릇 선정은 생산과 세상에 뜻을 세우는 일에 대한 방기가 아닌가.

공작산 수타사로
물미나리나 보러 갈까
패랭이꽃 보러 갈까

게으름 피우는 일에도 진력이 나면 숲속 절로 나들이 가기를 꿈꾼다. 절 나들이는 청유淸遊라고 할만하다. 청유는 정한靜閑의 은밀함, 혹은 은일隱逸의 세계를 꿈꾸는 자아와 자연 사이에 이루어지는 생물적 교섭이다. 명산에 속됨이 없고, 절집은 번잡함을 피하기에 적합하니, 청렴하면서도 고요한 공작산 수타사는 은신과 조망하기에는 낙원이다. 그곳이라고 장마가 예외겠는가. 산 속 절도 쉼없이 내리는 빗줄기의 주렴에 갇혀 있다.

산의 골짜기마다 물은 차고 넘쳐 도처에 없던 폭포가 새로 생겨난다. 종일 계곡마다 물소리가 만화방창이다. 가뭄에 허덕이던 나무들은 물을 흠뻑 빨아들여 그 푸름으로 숲은 울울창창하다. 절

안마당의 물미나리나 패랭이도 제철 만나 한창이다. 빗속에서 푸르게 흔들리는 그것을 바라보는 일은 눈을 싱그럽게 하는 즐거운 일이겠다. 그 옆에 있는 물푸레나무와 함박꽃도 조망의 즐거움을 거든다. 들창 너머로 빗줄기에 가려진 먼 산의 푸른 산빛 보는 게 지겨우면 요사채 아랫목에서 젖은 발을 말린다.

「장마」는 긴 비에 갇혀 오도가도 못 하는 중생의 꿈을 그린다. 아무도 모르는 산사에 숨어 "늙은 부처님께 절도 두어 자리 해바치고", 그도 지치면 "작은 며느리라도 불러 (저물도록) 민화투나" 친다. 이게 청유의 본질이요, 은일의 희열이 아닐텐가. 이 게으름에 대한 예찬을 너무 나무라지 말기를 바란다. 이 게으름의 경지에서 노니는 게 바로 피정避靜이고, 세속에서 묻힌 홍진을 씻어내는 일이 아니겠는가? 올 장마에는 나도 온갖 약속들 다 깨버리고 "수타사 공양주한테, 네기럴/누룽지나 한 덩어리 얻어먹으러 갈까."

살아있음의
기쁜 슬픔으로

───────

나 떠난 후에도 저 술들은 남아

사람들을 흥분시키고

사람들을 서서히 죽이겠지

나 떠난 후에도 사람들은

술에 취해

몸은 땅에 가장 가까이 닿고

마음은 하늘에 가장 가까이 닿아

허공 속을 몽롱하게 출렁이겠지

혀끝에 타오르는 불로

아무렇게나 사랑을 고백하고

술 깨고 난 후의 쓸쓸함으로

시를 쓰겠지,

나 떠난 후에도

꿀 같은 죄와 악마들은 남아

거리를 비틀거리며
오늘 나처럼 슬프게 돌아다니겠지
누군가 또 떠나겠지

문정희, 「나 떠난 후에도」, 『다산의 처녀』, 민음사, 2010

십대 때 이미 첫 시집을 낼 정도로 조숙이던 시인은 미당 서정주의 문하에 들어 시를 배운다. 모국어의 장인은 이 감수성의 천재에게 언어를 다루는 법을 전수한다. 문정희 앞에 열린 시의 길은 탄탄대로였다. 시인은 순조롭게 등단을 하고 시집을 내고 이름을 널리 알렸다.

시인은 누구나 내면에 저를 시인으로 키운 천형天刑을 안고 있다. 그 천형들은 대개는 치명적 결핍들이다. 시인들은 가난, 육체의 결손, 죄, 마약중독, 불행, 외모 콤플렉스…… 들과 같은 몹쓸 천형과 극한의 나락이 물리는 젖을 먹고 자라난다. 신은 어떤 이에게 가난과 불행을 주고 그 보상으로 영혼의 전투를 치를 수 있는 예술가의 천분을 준다. 보들레르, 비용, 장 주네, 김소월, 이상, 노천명, 한하운, 김신용…… 들이 다 그렇다. 수난의 한 복판을 가로질러 살아 돌아온 자만이 시인이 될 수가 있다. 운명에서 수난과 천형의 조건이 사라진 뒤에도 이것은 흔적을 남긴다. 운명의 저 안쪽에 남은 그늘과 그림자가 바로 그것이다.

시인에겐 그늘과 그림자가 없었다. 아니, 없는 것처럼 보인다. 타자성 속에서 자기를 잃었기 때문일까? 정말 한 점의 그늘과 그림자가 없을까? "시를 쓰며 눈물을 캐며/그 깊은 침묵 속으로 누가 다녀갔는지/얼마나 슬픈 고백을 했는지/그때 번개는 얼마나 뜨거이 울부짖었는지"「당신의 손가락에 보석이 빛날 때」. 시인은 화려한 외모와 언변을 갖고, 그걸로 늘 좌중을 휘어잡는다. 음지라고는 도무지 모른 채 오직 양지의 수혜 속에서 제 삶을 양육해온 듯 화려한 외모와 언변 밑에 숨은 극한의 외로움과 고통의 나락에서 내지르는 울부짖음, 불행에 대한 위험한 탐닉을 우리는 잘 모른다.

어느 시대에나 가장 좋은 시인들은 세계의 가난을 산다. 모든 시인은 세계의 가난이 만든 수난의 횡단자이다. 많은 사람들은 시인이 쌓은 시의 성채에서 부富와 그것의 화려한 외관, 그리고 비상한 활력만을 보았지, 그 밑에 은닉된 치명적인 가난과 침울함을 보지 않는다. 그래서 문정희는 가장 잘못 알려진 시인, 가장 오독되는 시인이 되었다.

문정희의 시적 싸움은 타인들에 의해 오독된 제 운명과의 싸움이다. 이름이 널리 알려지는 것이 곧 예술가의 성공은 아니다. "지난밤의 외로움을 바다 끝까지 밀고 나아가/심연에 살며/불온한 천재로 자꾸 태어나기를 기다렸다"「유명한 예술가」. 시인은 심연을 사는 불온한 천재를 꿈꾼다. 그가 불온한 것은 세계의 가난에 대해 도발하기 때문이다. 시인은 편함에 노예처럼 길들여지는 정주민이 아니라 "날마다 길을 떠나는 집시", "화적 떼의 아내", "하다못해 혈혈단신

화전민"으로 살고 싶어 한다「집시가 되어」.

　「나 떠난 후에도」는 상상된 죽음을 노래하는 슬픈 시다. 우리는 죽는 존재들이지만 동시에 "새벽마다 다시 태어나기 위해서 매일 저녁, 어둠 속에 매몰되어야 하는 태양새l'oiseau-soleil의 운명"가스통 바슐라르을 느끼는 존재들이다. 내가 죽은 뒤에도 이 세상은 여전하다는 사실은 받아들이기 어려운 기괴한 현실이다. 삶이 물질의 허망한 형식이라면 죽음은 그것의 해체일 것이다. 내가 죽어서 무無와 공空으로 돌아갔는데, 세상 사람들은 아무렇지도 않다니! 오히려 술을 마시고 취하고 사랑을 고백하고 술 깬 뒤의 쓸쓸함으로 진저리를 치다니! 어떻게 그런 일이 일어날 수 있을까. 그 기괴하고 납득할 수 없는 슬픔 때문에 시적 화자는 거리를 돌아다녔다.

　아마 시적 화자는 술을 마신 뒤 몽롱한 황홀경 속에서 거리를 배회했을 것이다. 죽음은 삶의 흐름을 끊는 단절이다. 그러나 이 죽음은 상상된 것이다. 이 상상된 죽음이 불러온 슬픔으로 의식은 이상하게 고양된다. 그 고양된 의식의 눈에 비친 세상은 경이와 아름다움 그 자체이다. 내가 소멸된 세상에서 "꿀 같은 죄와 악마들은 남아/거리를 비틀거"린다. 시적 화자가 상상적 죽음에 이른 이런 순간들은 존재의 고갈이면서 고갈이 아니고 덧없음이면서 덧없음이 아니다. 죽음은 운명의 견고함을 마침내 완성하지만, 다행스럽게도 시적 화자의 죽음은 미래의 것, 즉 아직 오지 않은 죽음이다. 여기서 기묘한 안도감과 함께 살아있음에 쏟아지는 신적인 시선과 빛으로 우리를 이끈다.

술에 취한 자들의 "몸은 땅에 가장 가까이 닿고/마음은 하늘에 가장 가까이 닿아/허공 속을 몽롱하게 출렁"인다. 술은 제 장력張力으로 자아를 땅과 하늘 사이로 잡아끌어 팽창시킨다. 이때 시인은 몸과 마음을 분리한다. 몸은 땅에 가장 가까이 닿고 마음은 하늘에 가장 가까이 닿는다. 몸과 마음이 분리된 허공 속에서 자아는 출렁인다. 이 출렁임 속에 중력의 속박은 없다. 도취의 기쁨으로 한없이 공중으로 떠오르는 자아의 새만 있을 뿐이다. 죽음이 어둠이라면 삶은 빛이다. 죽음이 슬픔으로 가라앉는 의식이라면 삶은 기쁨으로 떠오르는 의식이다. 이 자아의 새는 유한의 세계에서 무한의 세계로 건너가는 새며, 땅으로 끌어내리는 중력의 법칙을 뚫고 수직으로 상승하는 새다.

술은 무엇보다도 도취를 부른다. 시의 박물관에서 술은 항상 타오르는 물이다. 술의 질료는 액체이지만 그 본질은 불이다. 불은 생명의 열정에 대한 상징이다. 그 불은 자아의 새가 공중으로 떠오르게 하는 동력이다. 술은 몸에 들어와 불길로 타오르고 열기와 찬란한 빛을 쏟아내며 내 안에 응축된 죽음이 일으키는 소멸과 무의미, 냉담한 예감들을 재로 만든다. 생이 점화한 불꽃 속에서는 끊임없이 불사조들이 금빛의 날갯짓을 하며 솟아오른다. 술의 포상인 도취와 고양은 삶을 화석화化石化하고 부동화不動化하는 죽음의 메마름과 불모성에 대한 도발이다.

나는 시가 "광기가 불러주는 것을 이성이 받아 적은 것"알베르 카뮈들 중의 하나라고 생각한다. 좋은 시는 광기만으로는 안 되고, 더더구나 이성만으로 도달할 수는 없다. 광기와 이성의 화학적 결합만이 시를 낳는다. 그 화학적 결합으로 승화가 생겨나는데, 승화는 칙칙한 영혼마다 웅크리고 있는 저 불행의 도저한 밑바닥에서 불쑥 솟아오르는 새다. 괴테는 "나는 불길 속에서 죽음을 갈망하는/살아 있는 자를 찬양하고 싶다"「행복한 노스텔지어」고 썼다.

불꽃에 매혹되어 그 속으로 뛰어드는 나방들은 죽음이 아니라 삶의 절정을 찬양하는 자아들이다. 「나 떠난 후에도」는 흐름을 끊는 죽음을 빌려 살아 있음의 기쁜 슬픔을 찬양하는 시다. 시인은 서서히 죽어가는 것에 대한 예감들을 타오르는 불로, 생명 됨의 연옥煉獄-꿀 같은 죄와 악마들-으로 바꾼다. 그 타오르는 불 속에서 불사조가 솟아 날아오른다. 날아오르는 것들은 불꽃 속으로 몸을 던진다. 오, 불꽃 속에 몸을 던지는 새들이여, "어두컴컴한 그림자 속에/너는 더 이상 갇혀 있지 않구나"괴테, 앞의 시.

훠얼훨 사르며
　　시간 마루를 넘어서

처마 끝에 매달린 소리 없는 풍경에게 긴긴 밤이 다녀가고 언 햇살이 스며들어 실핏줄이 자랄 즈음 묵묵한 어느 손길 윗목 구들장 내어줄 제 담요를 뒤집어쓰고 기운이 차올라 하얀 꽃을 피우는 겁니다 고드름이 낙화하는 정월보름 햇나물이 군내를 헹굴 즈음 항아리 하나 가득 바다를 길어 올리는 겁니다 검댕이 숯과 붉은 고추부지깽이로 불씨를 일으키고 훠월훨 사르며 시간 마루를 넘어서

다른 이름으로 태어나지요

정재분, 「메주」, 『그대를 듣는다』, 종려나무, 2009

입동 즈음이면 김장을 끝낸 집마다 콩을 무쇠솥에서 삶아내 메주를 쑤곤 했다. 하얀 김이 오르는 삶은 콩을 절구로 찧고 이겨 대개는 네모나게 빚고 그걸 짚으로 엮어 처마에 매달곤 했다. 이렇게 잘 띄운 메주는 이듬해 간장이나 된장을 담는 기본원료가 되었다.

정재분의 「메주」는 그 메주를 발효 숙성시킨 뒤 장의 원료로 쓰는 차례를 따라간다. 처마에 매단 메주는 긴긴 밤이 다녀가고 언 햇살이 스며들면 제 안에 실핏줄이 자라 생명이 깃든다. 그 메주를 더운 뜰아랫방에다 짚을 깔고 온도와 습도를 잘 맞춰 숙성 발효시켜 간장이나 된장 원료로 썼던 것이다. 메주는 "담요를 뒤집어쓰고 기운이 차올라 하얀 꽃을 피우"며 숙성 발효한다. 그 잘 띄운 메주를 이듬해 정월보름 즈음에 큰 항아리에 깨끗한 물을 붓고 천일염을 섞은 뒤 숯음과 붉은 고추양를 띄운다.

양을 품은 물은 "불씨를 일으키고 훠월훨 사르며 시간 마루를 넘어서" 불이 되었다가 "다른 이름으로 태어"난다. 그렇게 지난한 과정을 거쳐 메주는 장醬이라는 새로운 이름으로 거듭난다. 메주는 스스로 소진된 재이며 그 재 속에서 일어나는 불꽃, 즉 피닉스다. 메주에 실핏줄이 자라나고 하얀 꽃이 피어나 새 생명을 얻는 것이다. 이때 장은 땅콩과 하늘바람·햇살의 합쳐짐이며, 음어둠·물·숯과 양햇볕·천일염·붉은 고추의 섞임이다.

메주는 "처마 끝에 매달린 (채)·소리 없는 풍경"이 되는데, 공간의 위계학에서 메주가 걸린 처마 끝 허공은 세속을 넘어 하늘로 나아가는 초입이다. 땅에서 나고 자란 콩이 불에 익혀져 짓이겨진 뒤 다른 이름, 다른 존재로 태어나려고 하늘의 신성한 시간으로 공중 부양 한다. 처마 끝에 매달린 이 메주는 서정주의 「동천冬天」에 나오는 "즈문밤의 꿈으로 맑게 씻어서" 찬 하늘에 옮겨 심은 마음 속 임의 "고운 눈썹"에 상응한다.

시인은 그렇게 땅의 사물이 모진 시련을 거쳐 하늘의 신성성을 얻는 생의 비의적 과정을 암시적으로 드러낸다.

비약하자면 메주는 무의식의 심상계에서 비우고 고요해져 별이란 상징성을 얻는다. 비움이란 요동치는 마음과 삿된 생각의 매임에서 자유로워지는 것이다. 노자는 말한다. "완벽한 비움에 이르러 고요함을 지키는 것에 독실해질 수 있다"노자, 『도덕경』 제16장. 메주는 다시 땅으로 내려와 어느 집 더운 뜰아랫방에서 "담요를 뒤집어쓰고" 팽창과 수축운동을 하며 다른 무엇으로 거듭 태어나는 과정을 거친다.

이 시에서 눈여겨봐야 할 것은 메주의 생태가 아니라 모든 살아있는 것의 수신修身과 양생養生의 과정이다. 메주는 풍찬 노숙을 견디고, 언 햇살과 담요를 뒤집어쓰는 암흑의 시절을 이겨낸다. 이때 메주는 스스로 미래가 되는 태아이고, 거듭 태어나려는 질그릇 사람이다. 시인은 질그릇 사람에 대해 이렇게 말한다. "누구에게나 복병이 숨어서 기회를 엿보고/지병을 한둘은 짊어지고 있음이니/있는 그대로 받아들일 때 길이 보일 터,/아픔과 인내로부터 도망하지 마라/그것은, 생명이 선택한 방법이니"「취급주의# 요하는 질그릇 사람」. 변화를 받아들이는 것에는 고통이 따르지만 생명이 선택한 방법이다. 그러므로 변화하고자 하는 것은 아픔과 인내에서 도망가지 말아야 한다.

아픔과 인내에서 도망하지 말아야 할 것은 메주도 마찬가지다. 메주의 본분에 충실하는 것, 이것이 메주의 덕이다. 메주는 제 마음을 다스리고 제 몸을 닦은 뒤에 비로소 메주가 아닌 "다른 이름으로 태어"날 수 있다. 그것은 "혼에다 백을 실어 하나로 안고, 떨어지지 않게 할 수 있는가?"_{노자, 『도덕경』 제10장}라는 노자의 성찰을 떠올리게 한다. 혼魂에 백魄을 실어 혼백으로 살아난다. 이때 혼백은 넋이다. 넋이란 죽어도 죽어지지 않는 생명이다. 메주는 어떻게 죽어도 죽지 않는 생명으로 살아나는가? 눈 감고 귀 닫고 마음을 유혹하는 오색五色, 오음五音, 오미五味를 멀리해야 한다. 그러면 어떻게 마음을 잘 다스릴 수 있는가? 『태상노군양생결』에 따르자면 여섯 가지를 멀리해야 한다. 그것은 이름과 이익, 좋은 소리와 여색, 재물, 재매, 번지르르한 말과 망령된 행동, 질투심 등이다. 그것을 물리치고 제 마음을 잘 기르는 것이 양생이다.

모든 시는 제 경험과 상상이 뒤섞인 자서전이다. 이 시는 땅→하늘→땅으로 이어지는 변증법적인 여정의 동선動線을 보여주는데, 시가 상상적 자서전이라는 맥락에서 「메주」를 읽으면 그 동선은 자아가 심오에 이르는 한 과정에 대한 상징임이 또렷해진다. 이 시가 메주에 대해 쓰는 것이 아니라 메주를 빌어 제 삶의 수신과 양생에 대한 노래인 것이다. 메주는 손가락이고 그것이 가리키는 달은 의미론적 단위에서 무르익은 자아의 표상이다.

한 생을
산다는 것은

가로질러간다는 것은 저절로 고개를 숙이는 것이다

아무도 없는 운동장을
가로질러가는 사람은, 길쭉한 사람이다 다리도 길고 목도 길고
뒤통수도 긴 사람이다

어깨 축 처진 검정 옷을 입은 사람이다
제 삶이 어떤 건지 미리 한번 중간점검해보는 사람이다

아무도 없는 운동장
한가운데 서보는 사람은

차마 어찌할 바를 모르는 사람, 흙먼지를 오지게 한번 뒤집어
써보는 사람이다 어디 피할 데가 없다는 것을 알게 되는 사람이다
마치 고문당하는 사람이고 마치 숙청당하는 사람이다 모름지기 인
간의 그림자가 이렇게 길고 이렇게 홀쭉하다는 것을 인정하게 되는
사람이다

가로질러간다는 것은 스스로 고개를 꺾는 것이다

그림자 중에 가장 긴 그림자는
운동장에 드리운 그림자다

유홍준, 「운동장을 가로질러간다는 것은」, 『저녁의 슬하』, 창비, 2011

시인은 젊었을 때 산판에서 벌목 일을 했다고 한다. 그는 한동
안 진주에 주거를 두고 제지공장 근로자로 살았다. "24시간 연중무
휴 제지기계가/고속으로 돌아가는 종이공장"「소음은, 나의 노래」에서 귀
가 먹먹한 기계 속에서 일하는 동안 "소음중독자"가 되었다. 고향을
다니러 갔다가 소음이 없는 고향의 적막감을 견디는 것이 힘들어
하룻밤도 못 자고 도망쳐 나왔다고 한다. 그는 "매음굴보다 더 지독
한/나의 정든 소음굴", 혹은 "너 없이는 못 살아 정든 소음아"라고
쓴다. 이런 반어법이 펄펄 살아 뛰는 그의 시를 읽을 때 내 마음은
아프다.

그가 구조조정을 당해 제지공장을 그만두었다고 한다. 2003년
한국시인협회의 부산 행사 때 누군가의 소개로 그를 처음 만났다.
'시협' 사무총장이란 직을 맡아 행사 전반을 지휘하는 입장이라 몸
과 마음이 두루 황망한 와중에 말쑥한 신사복 정장 차림의 눈썹이
숯검댕이처럼 짙은 그를 보았다. 곧이어 '시협'에서 제정한 젊은시인

상 제1회 수상자로 그가 결정되었다. 그 수상 소식을 전화로 알렸는데, 야근을 하고 돌아와 자다가 수상 소식을 들은 그의 목소리는 떨렸다. 그 뒤 그에게서 전화가 왔다. 진주에 놀러오라고. 그는 남해안 섬으로의 1박2일 여행을 제안했다. 나는 남해에 꼭 가고 싶다고 했지만, 아직까지 그와의 약속을 지키지 못 했다.

유홍준은 질박하고 소탈하다. 선과 악의 분별이 뚜렷하지 않은 무분별의 경계에서 노닌다. 그는 어설프게 착한 척을 하거나 점잖음을 떨지도 않는다. 동생네 식구들과 깻잎을 따서 들깻잎 다발을 묶으며 "이것이 돈이라면 좋겠제 아우야"「들깻잎을 묶으며」라거나, 일흔네 살의 어머니가 자궁을 들어내고 젊은 의사가 그걸 냉면그릇 같은 데 담아들고 와서 보여주었을 때, "마음이 참, 지랄 같았다"「어머니의 자궁을 보다」라고 직설을 한다.

물고기를 잡아 배를 따보고 부레와 쓸개와 창자를 헤쳐보며 물고기의 생각이 어디 있는지, 물고기의 뇌는 어디 있는지를 찾아보고, 아름다운 소리로 우는 새를 보고 "다음번에 새 대가리를 쪼개 찾아봐야지 울음이 어디 있는지 찾아봐야지"「새는 왜 우는지?」라고 한다. 그의 시는 책상물림들의 시와는 분명히 다른 세계와 맞다대기 해서 얻은 생물이다. 그런 스스로를 시인은 "아무짝에도 쓸모없는 몽상가, 나는 연못가 벤치에 누워 있는 천치天痴"「연잎 위에 아기를,」라고도 한다.

「운동장을 가로질러간다는 것은」이란 시는 쉽다. 모름지기 시는 읽기가 쉬워야 한다. 좋은 시들은 대개는 어렵지 않다. 운동장에 드리운 누군가의 그림자에 대해 쓴 시다. 그림자가 길게 드리운 것을 보니 때는 해가 기우는 시각이다. 운동장이 하나의 세계라면, 우리 모두는 그 세계를 가로질러가는 사람이다. 한 생을 산다는 것은 운동장을 가로질러가는 것에 다름아니다. 시인의 시적 숙고는 여기에서 시작한다.

시인은 운동장을 가로질러가는 사람보다 그가 드리운 그림자에 더 주목한다. 그림자 사람은 길쭉한 사람이다. 뭐든 길게 늘어난다. 다리도, 목도, 뒤통수도. 시인은 그 그림자 사람을 통해 삶의 안쪽에 누적된 비애를 끌어낸다. 시인의 상상 속에서 그림자 사람은 "흙먼지를 오지게 뒤집어" 쓴 적이 있고, "고문"을 당한 적도 있고, "숙청"당한 경험도 있다.

그림자 사람은 모든 것을 빼앗긴 채 "어깨 축 처진 검정 옷을 입"고 운동장을 가로질러가는 중이다. 일몰의 시각에 왜 운동장을 가로질러 가느냐고 물어서는 안 된다. 어쩌면 그림자 사람은 구조조정으로 실직을 당했는지도 모른다. 그는 "제 삶이 어떤 건지 미리 한번 중간점검해"보고 있는지도 모른다. 그에게서 생기 약동은 찾아볼 길이 없다. 그러니까 그림자 사람은 생기 약동을 다 방전한 사람의 다른 이름이구나! 그림자 사람은 "삶이 내게 고통이라는 양식을 퍼먹일 때/나는 약 안 먹으려는 아이처럼 자지러졌고/발버둥을 쳤고/발악을 했다"「숟가락은 말한다」라고, 생 앞에서 발버둥치고, 발악을 했던 사람이다. 그렇게 그림자 사람은 한 생을 살아낸다는 게 녹

록치 않다는 사실을 뼛속까지 깨달은 사람이다

마침내 운동장에 드리운 그림자 사람은 "모름지기 인간의 그림자가 이렇게 길고 이렇게 홀쭉하다는 것을 인정하게 되는 사람"인 것이다. 그림자 사람은 실직한 사람, 온갖 수난의 흔적을 제 몸에 지닌 사람, 가엾고 슬픈 사람이기 이전에 욕망을 벗고 해탈한 사람, 가벼워진 몸으로 이승 바깥까지 곧장 걸어갈 태세인 세속 성자다! 그게 누굴까? 바로 시인 자신이다.

그의 세 번째 시집 『저녁의 슬하』에 발문을 쓴 진주시인 김언희의 말에 따르면 유홍준은 상하좌우로 "직방인直放人"이다. 아니, "직방"은 시인 자신이 발명해낸 말이다. "그렇다 얼마나 간절히 직방을 원했던지/오늘 낮에 나는 하마터면 자동차 핸들을 꺾지 않아/직방으로 절벽에서 떨어져 죽을 뻔 했다"「직방」. 그는 사십여 년 동안 직방으로 뛰어내리는 중이다. 자고로, 미친 사람만이 직방으로 뛰어간다! 시인과 세계 사이에 문자가 가로놓여 있다. 문자는 문자 너머로 나아가는 데 거치적대는 방해물이다. 시인은 문자의 힘을 빌려 시를 쓰되 거침없이 문자 너머로 직방으로 넘어간다.

문자 너머는 초월적 깨달음의 경지도, 신성神聖의 경지도 아니다. 추상기호에 지나지 않는 문자를 버리고 세계 그 자체, 그 있음의 직접성과 한 몸이 되는 경지, 참나와 세계가 한 몸으로 융합을 이루려는 사람이 직방인이다. 직방인은 "짚을 만졌던 느낌은/뱀을 만졌던 느낌과는 달라서/차갑지가 않지 매끄럽지가 않지 꺼끌꺼끌

하고 까칠까칠하지"「짚을 만졌던 느낌」 같이, 물物과 물物이 직접으로 맞
부딪치며 사물 인지와 직접적 촉감이 동시에 일어나는 세계에서
산다.

닳고 닳음에도
다 사연이 있더라

흘러가는 뭉게구름이라도 한번 베어보겠다는 듯이 깎아지른 절
벽 꼭대기에서
수수억 년 벼르고 벼르던 예각의
날 선 돌멩이 하나가 한순간, 새카만 계곡 아래 흐르는 물속으
로 투신하는 걸 보았네

여기서부터 다시 멀고 험하다네

거센 물살에 떠밀려 치고받히며 만신창이로 구르고 구르다가
읍내 개울 옆 순댓국밥집 마당에서
다리 부러진 평상 한 귀퉁이를 다소곳이 떠받들고 앉아 있는
닳고 닳은 몽돌까지

이덕규, 「머나먼 돌멩이」, 『밥그릇 경전』, 실천문학사, 2009

「머나먼 돌멩이」는 '돌멩이'의 험한 인생 유전流轉을 빼고 더하고 없이 보여준다. "절벽 꼭대기"에서 "읍내 개울 옆 순댓국밥집 마당"의 "다리 부러진 평상 한 귀퉁이"를 떠받드는 "몽돌"이 되기까지의 신산스런 내역이 주르륵 펼쳐진다. 그 내역을 사설로 풀면 책 한 권으로도 감당하지 못할 터다. 그렇게 길게 풀자면 그 안에는 기어코 신세 한탄과 자기연민이 끼어들기 마련이지만, 시는 흐벅진 군살을 허락하지 않는다. 압축과 은유라는 뼈만 남기는 게 시다. 「머나먼 돌멩이」는 경성硬性의 존재인 돌이 오랜 디아스포라의 체험 끝에 몽돌로 안착하기까지의 떠돎의 이력이자 시련의 시간을 수행의 시간으로 전환해서 담담한 해탈에 이른 수행기이다.

누구나 삶에는 곡절이 있는 법이다. 순댓국밥집 마당의 다리 부러진 평상 한 귀퉁이를 떠받치고 있는 저 몽돌의 닳고 닳음에도 사연이 있다. 시인은 그 사연을 들려준다. 하나의 돌은 "거센 물살에 떠밀려 치고받히며 만신창이로 구르고 구르다가" 여기까지 흘러온다. 변전과 유동은 어쩌면 삶의 본질이다.

우리는 흘러온 삶들이다. 당신이 지금-여기 서 있는 자리를 삶의 최저라고 할 수 있는 바닥이라고 생각한다면 당신은 돌이다. 돌은 온몸으로 절벽 꼭대기의 정상에서 바닥까지 굴러오며 떠밀리고 치고 받히며 "만신창이"가 되어버린 채 떠밀려온 삶을 증언한다. 이 돌에 늘 "적자뿐인 손익계산서"「다국적 구름공장 안을 엿보다」를 쓰는 시인의 이력을 겹쳐 보면, 이 시가 저와 같은 삶의 비루함을 깔고 앉아

있는 장삼이사들의 새로울 것도 없는 이야기를 담고 있음을 눈치챌
수 있다.

　「간발의 차이」는 「머나먼 돌멩이」의 다른 버전이다. 한쪽 다리
를 잃고 "정상에서 더 이상 내려갈 곳 없는 바닥까지" 내려간 사람
의 곡절을 풀어놓은 「간발의 차이」는 「머나먼 돌멩이」와 다르면서도
같은 시다. 절벽 꼭대기에 있던 "날선 돌멩이"가 까마득한 허공 아
래로 떨어진다. 그 순간부터 돌은 생존을 위한 투쟁 상태로 밀려나
간다. "여기서부터 다시 멀고 험하다네"라는 시구는 그 투쟁의 험난
함에 대해 말한다. 「간발의 차이」에서 이 돌은 공사장을 떠도는 일
용 노동자로 바뀌었을 뿐이다.

　"밤낮으로 전국 공사장을 떠돌던 그가 피곤한 발목 하나를 터
널 굴착 현장에 빠뜨려 잃어버렸다./사는 게 무슨 쇼트트랙 경기라
고, 쓰러질 듯/쓰러질 듯 아슬하게 원심력을 견디며 뺑뺑이 돌다가
작두날 같은 생의 결승선에/그렇게 다급하게 한 발을 쓰윽 밀어 넣
었나"는 핏빛 어두운 그 추락의 체험을 증언한다.

　이런 투신/추락들은 밖에서 볼 때 대개는 개별자의 부주의라
는 형식을 갖지만, 그 실상은 윤리와 정의를 결락한 사회의 공모에
의해 일어난 '이지메' 현상의 결과다. 여기서 '이지메'는 가난한 자를
더 지독한 가난에 가두는 사회적 폭력을 말한다. "잘린 신경 끝에
욱신거리는 미열의 불을 켜고 보면/곳곳이 수렁이고 함정이었던 바
로 사십 센티 아래가 이제 가닿을 수 없는 미지의 땅인데/남은 한
발로 그 미지의 땅을 딛고 서면 더 이상 내디딜 발이 없는 여기가 극

지이다/그러니까 여기는 외발로만 설 수 있는 칼날 정상이다”라는
구절은 ‘이지메’를 당한 자가 내려선 마지막 자리는 삶의 “극지”이자
“칼날 정상”임을 말한다.

　돌은 경성의 존재이자 동시에 타자성의 심연을 감춘 존재이다.
“하찮은 돌에도 다 혼령이 있”「우리집 식구 중에는 귀신이 더 많다」는 법이다.
그러니 돌을 우리 주변에 흔한 일용 노동자이거나 떠돌이들, 즉 사
회적 약자에 대한 존재론적 기호로 읽어도 무방할 것이다.
　이 세상에는 두 부류의 사람들이 있다. 재산이 계속 불어나는
사람들과 아무리 일해도 가난의 굴레를 벗어날 수 없는 사람들. 후
자에 속한 사람들은 삶의 극지이자 칼날 정상에 버티고 서기 위해
마모되어 간다. 청년들을 비정규직으로 내몰고, 88만원 세대를 양
산해내는 사회는 좋은 사회가 아니다. 나쁜 사회에서 사회적 약자
들은 끊임없이 깨지고 부서진다.
　나는 “사람이 그 격을 갖출 때에는 동물 중에서 가장 뛰어난 존
재이지만, 법과 정의에서 배제된다면 가장 나쁜 동물로 떨어지고 만
다”라는 아리스토텔레스의 말을 떠올린다. 법과 정의가 없는 “나쁜
동물”들에 둘러싸인 우리 주변에서 얼마나 많은 사회적 약자들이
저 바닥으로 떨어지고 있는가! 『밥그릇 경전』에 국한하자면, 이덕규
의 시들은 극한의 처지로 내몰린 사회적 약자들의 절규를 시적 전
언으로 담지만, 그 약자들이 부도덕하고 참혹한 “나쁜 동물”들의 폭
력에 맞서 싸우는 모습은 보여주지 않는다. 그래서 “읍내 개울 옆
순댓국밥집 마당에서/다리 부러진 평상 한 귀퉁이를 다소곳이 떠

받들고 앉아 있는 닳고 닳은 몽돌"의 발견은 놀랍지만, 한편으로 그 다소곳함이 세상의 모든 악덕과 폭력에 대한 순응으로 비쳐져 아쉽기도 하다.

이 세상의 돌들은 나쁜 세상을 뒤엎는 혁명/폭력을 꿈꾸고 그 실천에 온몸을 던져야 하는 건 아닐까? 그래야 이 "나쁜 동물"들이 지배하는 세상에 윤리와 정의가 깃들 여지가 생기는 건 아닐까? 다른 시인이라면 몰라도 올곧은 일에 두루 바쁜 이덕규라면 그걸 능히 해낼 수 있을 것 같다.

진부하고 공소한,
　　　그럼에도 현실

밥을 먹어도 이 여름
얼음 띄운 맑은 물에 반듯하게 썬 오이지
그렇게 먹고 있는 한낮

채송화 노란 꽃 빨간 꽃
봉숭아 흰 꽃 빨간 꽃 이름 모를 난蘭
별같이 총총히 핀 작은 꽃 흰 꽃
양귀비 흰 꽃 빨간 꽃
분꽃 그 빨간 꽃 환한 호박꽃
주렁주렁 달린 파란 고추 빨간 고추
그 흰 꽃

피고 지고 또 피고 지고 또 피고 지는 걸 보니
노란 나비 흰 나비 큰멋쟁이나비
고추잠자리 실잠자리 밀잠자리 또 왕잠자리
말벌 호리병벌 풍이 풍뎅이
다 날아드는구나

인천에서도 배다리 그 도원고개

그 기찻길 옆 길 건너 대장간 철공소 붙어 있는 동네

초복初伏 지난 이 통쾌痛快한 날

닭 한 마리 사다가 놓고 아내는 마늘을 까고 있구나

어린 아들은 부엌에서 목욕을 하고

나는 어느 꽃잎 어느 날개 속에

이들을 포근히 뉠꼬

생각하는데

강풍强風에, 급류急流처럼

우리집 그 좁은 골목으로 새까맣게 휘몰아쳐 들어온다.

김영승, 「꽃잎 날개」, 『무소유보다 더 찬란한 극빈』, 나남, 2001

시인은 한동안 취해 살았다. 시든 술이든 뭐든지 취해 살아야 한다는 보들레르적 교양의 그늘 아래 노닐었다. 내게도 아침나절에 전화를 걸어서 취기어린 목소리로 시비를 걸곤 했다. 그것이 그이만의 사랑표현이라고 여기고 웃어넘기곤 했다. 그이는 가난하고, 몸은 말랐으며, 노모와 함께 사는 살림은 늘 팍팍했다. 그 팍팍함이 그이를 까칠하게 했을 것이다. 그이의 까칠함은 직설의 화법에서 그대

로 드러난다. 직설의 거침없음 때문에 한 폭도가 휘두른 맥주병에 뒷통수가 깨진 적이 있다. 그 횡액으로 자칫했으면 이승의 호적에서 그이의 이름이 지워질 뻔했다. 그이가 결혼도 하고, 아들을 두었다는 소식도 바람결에 드문드문 들려왔다.

그이가 『무소유보다 더 찬란한 극빈』이라는 시집을 시골에 사는 내게 보내왔다. 시집은 이문재의 발문을 포함해 무려 363쪽에 이른다. 지방 중소도시의 전화번호부만큼 두꺼운 시집이다. 그러나, 겁먹을 필요 없다. 시인의 앙상한 전라의 전신'을 드러내 보여주는 이 시집은 보증하건대 아주 잘 읽히는 시집이다. 한자漢字에 어두운 사람이라면 시집을 읽을 때 옆에 옥편을 두는 것이 덜 번거로울 것이다.

김영승의 정신은 천상병千祥炳에서 김관식金冠植으로, 다시 김수영金洙暎으로 마구 건너뛰며 전횡專橫한다. 천상병의, 천진난만함과 순결한 막무가내의 도취정신에서, 김관식의 생경한 한문 전적典籍에서 뽑아낸 동양의 예지叡智로 군소 재능들을 향해 능멸하듯이 눈의 흰자위를 드러내 일갈하며, 질풍노도처럼 가로질러간 김영승의 정신은, 어느덧 김수영의, 어쩔 수 없이 수락한 소시민의 생활양식이 배태한 설움과 고매한 정신이 낳는 고뇌 사이에서 서성거린다. 그렇다고 김영승의 언어들이 이들 선배시인들에게 예속되는 것은 아니다.

김영승의 언어에는 김영승이라는 크래딧이 붙을 만한 수직垂直의 정신이 스며 있다. 어떤 시를 읽을 때 자지러지게 웃다가 어떤 시를 읽을 땐 아주 숙연해진다. 김영승의 시들은 상징이나 언어의 경제적 운용이라는 시의 기초적 소양조차 팽개치고 지나치게 풀어진 사변思辨으로 나아가는데 그것은 이미 하나의 고원高原, 혹은 언어의 압축조차 무의미하게 만들어버리는 어떤 진경眞景에 도달하고 있다.

문득 두보를 떠올려 본다. 두보는 북방무인北方武人의 호방한 기상을 타고 났으며 종횡무진의 필력筆力을 자랑했다. 당대 체제의 바깥을 유랑하며 악정惡政을 질타하는 무수한 시를 썼으나 늘 숙식을 걱정하는 가난한 아들-남편-가장-아버지의 삶을 살았다. 두보는 곤곤히 흐르는 장강長江의 물 위를 떠가는 배 위에서 59세의 비루한 삶을 쓰러뜨렸지만, 그로부터 일천삼백 년이란 긴 세월이 흘렀어도 시인의 운명의 전형성은 현무암처럼 요지부동이다. "순결한" 시인들이란 조금 지나친 삶을 살다 가는 사람들이다. 당대와의 불화는 그 지나친 삶의 대가로 지불하는 세금을 공제하기 전의 비용이며, "인간 실격"이라는 마지노선에 접근하는 최하의 삶이 품고 있는 불우함은 세금을 공제 당하고 난 뒤의 통장에 찍히는 잔고다.

김영승의 시는 극빈이라는 토양에 뿌리를 내리고 크는 나무다. 그런데 그 나무에 열리는 것은 과실이 아니라 울음이다. 그 울음은 극빈의 찬란함과 밥 먹고 잠자며 살아야 하는 삶의 비속卑俗 사이에서 터져나오는 오열이다. "내 오늘은 울리/그냥 울리/울면서 그냥/울리."「겨울 눈물」할 때의 그 오열. 시인에게 극빈이란 "극광 같은 극빈"이며 '극빈 같은 극빈'이고, 그것은 "쾌락의 극치"이며 "태극 같은 극빈"이다.

　　물론 이것이 현실을 비틀어 보이는 말장난이며 반어적인 언술임을 모르는 바 아니나 시인은 어느덧 이것에 길들여져 신체적 친밀감조차 느낀다. 그 때문에 "가난은?/행복이다."와 같은 매우 단호한 시구가 나오는 것이다. 다시 말해 이 언술은 농담의 뜻을 더 많이 머금은 채 불쑥 발언되는 언술이지만 그 안에 제 무의식에서 침출된 진실의 농도가 배어버리는 것이다.

　　어쨌든 시인은 그 극빈의 바닥 위에 제 삶을 부려놓았다. 극빈이란 사회학적인 뜻에서 만성적 저소득의 결과인 과잉 결핍 현상이며, 따라서 사회적 구호의 대상이 되는 것이고 일방적 의존 관계로의 전락을 가리키는 것이다. 가난은 주체의 경제 활동의 능력이나 수단과 경제적 목표 사이의 불균형에서 비롯되는 사회적 현상이다. 가계의 소득 수준이 소비 수준에 비해 현저하게 열악함으로써 생겨난 사회적 기회의 상실, 그리고 가치 박탈이 굳어진 상태를 가리킨다. 시인의 가난한 형편을 아는 사람들이 걱정스럽다는 듯이 '어떻게 사세요?"라고 물으면, 그는 "이것저것 청탁 받은 원고 쓰고/여기저기서 또 꾸기도 하며 그냥/살지요 하며 나는 웃는다/원고 쓴 돈으로 꾼 돈 갚으며 말입니다"「빙상(氷上), 목탄화(木炭畵)」라고 천연덕스럽게 대답한다.

　　이 시집에서 가난한 삶의 세목들을 찾아내는 일은 그리 어려운 일이 아니다. 하지만 그것은 뜻없는 일이다. 시인의 삶의 자리는 가난하되 언감생심, 갱생更生을 꿈꾸지 않는 자리에 있다. 그는 어느 편이냐 하면 "나 항상恒常 여기 꿰매가며 오래오래 살리라'는 편이다. 항상적恒常的 가난은 "쪽" 팔리는 삶이다. 그 쪽팔리는 치욕을 삶의 저변에 상용화해놓고 당당堂堂하게 살면서 문득 제 정신이 돌아오면 "나는/얼떨결에/나를 따라오는/나의 그림자에게/꾸벅,/사과謝過"를 하기도 한다.

가난의 불합리와 물리적 폭력을 향해 대놓고 질타하는 언어들보다 이렇게 슬쩍 비켜서서 가볍게 잽을 날릴 때 통렬해진다. 시인의 언어는 여러 부분 복자覆字로 처리된 자지, 보지, 좆, 씹과 같은 성적 용어들의 남용으로 진창의 현실에 대한 노골적인 불쾌감을 드러내 보일 때, 그리고 쓸데없는 여성비하와 마초적인 웅성雄性이 뿜어내는 객기와 자만심을 여과없이 노출할 때 갱생 가능성의 여지를 스스로 닫아버리는 불평분자의 혐의를 벗기 힘들다. 김영승의 시는 가난의 새로운 외연外延을 견고한 언어로 지어 보일 때 형형한 빛이 난다.

시인이 보는 현실은 "비현실非現實의 현실玄室"「액자, 또는 액자 걸었던 자리……」이거나, 하수종말처리장과 같다. "제정신으로 사는 것들은 하나도 없고/온통 정신적인 미숙아와 성격불구자/그 반사회적 인격들"「만개(滿開)한 성기(性器)」이 모여 사는 천박한 자본주의 사회의 중심에서 "김영승은 죽었는데/왜 죽었냐 하면/돈이 없어서 죽었다.//돈이 없으면/돈을 벌어야 하는데/왜 벌지 않느냐 하면/김영승은 돈을 안 버는/'성질性質'을 갖고 태어났기 때문이다."라는 외침은 사실이되,

아울러 진부하고 공소하다. 자칫하면 구제받을 길 없는 자기애에 침몰한 자의 자기변명으로 떨어진다.

　이 시는 아마도 『무소유보다 더 찬란한 극빈』에 실린 시들 중에서 가장 아름다운 시편이다. 시인은 "나 참 돈도 없다 없다 이렇게까지/없는 새끼는 생전하고도 처음이다"「고고(孤高)팥죽」라고 자조적으로 씹어뱉을 정도의 전근대적 가난을 사는데, 거기에 굴하지 않고 정신의 고고한 기개를 뻣뻣하게 유지하고 있는 풍경을 드러낸다. 이 시의 배면에 깔려 있는 것은 "다 망가졌지만/나는 그래도/그래도 당대當代의 선비……."「신부(新婦)」라는 도저한 자긍심이다. 가난하지만 "정신의 삶", 혹은 "주체의 삶"을 고고하게 살고 있다는 저 유가儒家의 고색창연한 선비 정신 위에 이슬처럼 안빈낙도의 초연함이 고이기도 하는 것인데, 바로 그것이 초복 지난 지 얼마 안 되는 어떤 날의 집안 풍경을 그가 누릴 수 있는 청결한 지복至福의 풍경으로 바꿔놓는다.

　복날 보양식을 만들기 위해 닭 한 마리를 사다 놓고 마늘을 까고 있는 아내, 부엌에서 목욕을 하고 있는 어린 아들, 얼음 띄운 맑은 물에 반듯하게 썬 오이지와 함께 밥숟갈을 뜨며 가족의 안위를 헤아려보는 지아비가 있는 풍경은 테크노 키드들은 도무지 알 수 없는, 아주 유서 깊은 평화가 일종의 정서로 체화된 풍경이다. 머리끝부터 발끝까지 불과 삼십 몇 킬로그램의 극빈의 몸으로 시인 김영승이 발굴해낸 퇴영적 정서의 힘은 완강해서 문득 눈앞을 자욱하게 만들어버린다. 그러나 그 평화는 아슬아슬하게 위태로운 평화다.

시인은 그것을 알고 있다.

　　기분 좋게 밥 한술을 뜨다 말고 심안心眼으로 새까맣게 휘몰아쳐 오는 '강풍强風'과 '급류急流'를 보며 진저리를 친다. 만성이었다가 마침내 손쓸 틈도 없이 통렬하게 터져버리는 복막염과 같이 때늦게 찾아오는 이 분별은 슬프고도 아름답다. 시인이 감당하고 있는 가난은 너무나 많은 부재의 다른 이름이다. 시인은 부재 위에 집을 짓고 식구들과 살림살이를 들여놓는 것인데, 따라서 그것은 없는 낙원이다.

IV.

누구나, 가슴에 벼랑 하나쯤 품고 산다

아버지가 마시는 술에는
눈물이 절반이다

새벽 어판장 어선에서 막 쏟아낸 고기들이 파닥파닥 바닥을 치고 있다

육탁[肉鐸] 같다

더 이상 칠 것이 없어도 결코 치고 싶지 않은 생의 바닥

생애에서 제일 센 힘은 바닥을 칠 때 나온다

나도 한때 바닥을 친 뒤 바닥보다 더 깊고 어둔 바닥을 만난 적이 있다

육탁을 치는 힘으로 살지 못했다는 것을 바닥 치면서 알았다

도다리 광어 우럭들도 바다가 다 제 세상이었던 때 있었을 것이다

내가 무덤 속 같은 검은 비닐봉지의 입을 열자

고기 눈 속으로 어판장 알전구 빛이 심해처럼 캄캄하게 스며들었다

아직도 바다 냄새 싱싱한,

공포 앞에서도 아니 죽어서도 닫을 수 없는 작고 둥근 창문

늘 열려 있어서 눈물 고일 시간도 없었으리라

고이지 못한 그 시간들이 염분을 풀어 바닷물을 저토록 짜게 만들었으리라

누군가를 오래 기다린 사람의 집 창문도 저렇게 늘 열려서 불

빛을 흘릴 것이다

　지하도에서 역 대합실에서 칠 바닥도 없이 하얗게 소금에 절이
는 악몽을 꾸다 잠깬

　그의 작고 둥근 창문도 소금보다 눈부신 그 불빛 그리워할 것이다

　집에 도착하면 캄캄한 방문을 열고

　나보다 손에 들린 검은 비닐봉지부터 마중할 새끼들 같은, 새끼
들 눈빛 같은

배한봉, 「육탁(肉鐸)」, 『복사꽃 아래 천년』, 문학사상사, 2011

　새벽 어판장 바닥에 막 쏟아낸 고기들은 살아서 파닥거린다.
시인은 그것을 "육탁"이라고 말한다. "생애에서 제일 센 힘은 바닥을
칠 때 나온다"는 것은 삶의 어떤 계기에서 얻은 시인 자신의 깨달음
이다. 바닥을 친다는 것은 생의 나락으로 굴러 떨어진 상황을 가리
킨다. 실존주의 철학자들이 말하는 피투적被投的 기투企投, 즉 세계
에 내동댕이쳐짐이 바로 그것이다.

　바다에서 포획된 생선들에게 어판장 바닥은 그야말로 낯선 세
계다. 생존의 영도零度, 즉 바닥이다. 바닥이라고 생각했는데, 그보
다 더한 추락도 있다. 바닥을 치고 난 뒤의 바닥은 엎친 데 덮친 격
이다. 현실에서는 드물지 않은 일이다. 육탁은 온몸으로 바닥을 쳐
서 제 살아있음을 알리는 일이고, 다시 일어서기 위한 몸짓이다.

그렇게 힘껏 바닥을 치다보면 온몸은 만신창이가 될 것이다. 눈물이 나는 은유다.

이 시의 화자는 고달픈 아버지-가장이다. "아버지의 눈에는 눈물이 보이지 않으나,/아버지가 마시는 술에는 눈물이 절반이다"김현승, 「아버지의 마음」 할 때의 그 아버지-가장이다. 그에게는 집에 가면 까만 눈빛을 반짝이며 달려들 새끼들이 있다. 삶은 온몸으로 바닥을 치는 생선만큼이나 고달픈 것이지만 아울러 목탁을 치는 수행자들의 그것과 마찬가지로 숭고한 수행이다. "육탁을 치는 힘으로 살지 못했다는 것"은 뒤늦은 깨달음이다. 시인은 어판장 바닥을 온몸으로 치고 있는 생선의 눈에 비친 알전구의 불빛을 주목한다. 절망과 공포 속에서도 끝내 닫을 수 없는 그 눈! 그 눈이 흘리는 것은 눈물이 아니라 불빛이다. 시인은 생선의 눈이 흘리는 불빛과 "누군가를 오래 기다린 사람의 집 창문"의 불빛을 겹친다.

살아냄의 몫이 더 이상 내 것이 아니게 될 때 절망은 현실로 닥친다. 그러나 모든 걸 도도하게 휩쓸고 지나가는 절망의 탁류를 희망의 동력을 바꿀 줄 아는 게 사람의 지혜다. 무제의 노여움을 사 궁형을 당한 사마천은 겨우 목숨을 부지한 채 마음에 맺힌 울분과 절망을 풀어 『사기열전』을 끝냈다. 거렁뱅이 꼴로 떠돌던 한신을 한 젊은이가 여러 사람들 앞에서 겁쟁이일 거라고 모욕을 했다. "네놈이 죽기를 두려워하지 않으면 나를 찌르고, 죽음을 두려워하면 내 가랑이 사이로 기어 나가라"고 했을 때 한신은 울분과 모욕감을 숨기고 묵묵히 몸을 구부려 젊은이의 가랑이 밑으로 기어나갔다. 나중에 한신은 한나라의 군대를 다스리는 최고 장수가 되었다. 비록 현실이 그들을 모욕했지만 사마천이나 한신은 가슴에 푸른 별을 품고 참았다. "뼈에 저리도록 생활은 슬퍼도 좋다/저문 들길에 서서 푸른 별을 보자……/푸른 별을 바라보는 것은 하늘 아래 사는 거룩한 일과이거니……"_{신석정, 「들길에 서서」}. 집 밖에 나온 모든 존재는 온몸으로 수고와 노동을 감당하는 자다.

뼈가 휘는 수고와 노동을 감당하는 삶을 내 능력과 의지로는 어찌해볼 수 없는 더 큰 힘이 짓누를 때 절망은 낮아져서 바닥이 된다. 온몸으로 바닥을 치는 생선들은 "지하도에서 역 대합실에서 칠 바닥도 없이" 누운 노숙자들로 바뀐다. "하얗게 소금에 절이는 악몽을 꾸다" 한밤중에 눈을 뜰 때도 있을 것이다. 눈 뜨면 제가 누워 있는 지하도의 차가운 바닥을 보게 될 것이다. 그래도 살아봐야 한다. 물은 백 도가 넘어야 끓어오른다. 끓는 물만이 주전자 뚜껑을 들어올린다. 새도 깃털이 자라지 않으면 높이 날 수 없고, 절망도 극한에 도달하지 못한다면 그 뚜껑을 밀어 올리지 못한다. 배한봉의 「육탁」은 절망에 빠진 사람에게 용기를 주는 시다.

어쩌면 우리는 흰 것을 검다 하고, 위를 거꾸로 아래라고 모욕하는 세상을 살고 있는지도 모른다. 봉황은 새장에 갇혔는데, 닭과 꿩은 하늘을 훨훨 날며 노닌다. 그래도 우리의 살아있음은 그 자체로 바닥을 온몸으로 치며 치열하게 살아내야 할 이유다.

흘러간 세월은,
구체적이다

백 마리 여치가 한꺼번에 우는 소리

내 자전거 바퀴가 치르르치르르 도는 소리

보랏빛 가을 찬바람이 정미소에 실려 온 나락들처럼

바퀴살 아래에서 자꾸만 **빻아지는** 소리

처녀 엄마의 눈물만 받아먹고 살다가

유모차에 실려 먼 나라로 입양 가는

아가의 **뺨보다** 더 차가운 한 송이 구름이

하늘에서 내려와 내 손등을 덮어 주고 가네요

그 작은 구름에게선 천 년 동안 아직도

아가인 그 사람의 냄새가 나네요

내 자전거 바퀴는 골목의 모퉁이를 만날 때마다

둥글게 둥글게 길을 깎아 내고 있어요

그럴 때마다 나 돌아온 고향 마을만큼

큰 사과가 소리 없이 깎이고 있네요

구멍가게 노망든 할머니가 평상에 앉아

그렇게 큰 사과를 숟가락으로 파내서

잇몸으로 오물오물 잘도 잡수시네요.

김혜순, 「잘 익은 사과」, 『달력 공장 공장장님 보세요』, 문학과지성사, 2010

시인은 본디 성정이 밝고 쾌활한 사람이다. 김혜순은 최승자, 김옥영 등과 함께 1970년대 말에서 1980년 초반으로 이어지는 시간들을 공유했던 오래된 친구다. 네 사람이 닮은 점은 모두 시를 쓰고, 젊은 날 한때 출판사에서 밥벌이를 하며 암중모색을 했다는 점이다. 김혜순은 평민사에, 최승자는 홍성사에, 김옥영은 문장사에, 나는 고려원에서 일했다. 화염병이 날고 최루탄 가스가 자욱한 거리에는 조용필이 부르는 「창밖의 여자」가 울려 퍼졌다. 우리는 슬금슬금 세월이 결코 녹록하지 않다는 사실을 눈치채고 있었다.

아무도 말은 안했지만 젊은 낭만 가객歌客들의 상처받은 가슴에는 저마다 슬픔의 황홀경이 한 둘쯤은 숨어 있었다. 그럴수록 우리는 더 쾌활한 척했고, 더 위악적인 말들을 툭툭 내뱉었다. 마치 쾌활과 위악이 위험하고 거친 이 세계에서 자기를 방어하는 해자垓子나 되는 듯이. 우리는 함께 밥도 먹고 술도 마시고 연극도 보고 누군가의 집으로 우르르 몰려가 밤을 세웠다.

그때 밤을 세워 무슨 얘기를 했던가. 세월은 숫사슴처럼 껑충껑충 뛰어 저 숲속으로 달려 나갔다. 스무 해 넘는 세월은 우리를 각각 다른 기착지로 데려다 놓았다. 최승자는 출판사를 그만둔 뒤 번역으로 밥벌이를 하더니 나중에는 점성술로 망명하고, 김옥영은 출판계를 떠나 방송계로 가더니 이윽고 다큐멘터리의 최고 작가 반열에 올라서고, 김혜순은 출판계를 떠나 대학에서 박사학위를 한 뒤 서울예술대학교의 문예창작과의 교수가 되었다.

김혜순의 시는 늘 명료하지 않다. 그 혼돈과 모호함은 감각의

착란에서 나온다. 여러 겹의 감각들이 겹쳐지고 뒤섞인다. 「잘 익은 사과」 역시 그런 감각의 중첩적인 모호함에 감싸여 있다. 분명한 것은 노망든 할머니뿐이다. 구멍가게 평상에 앉은 할머니는 큰 사과를 숟가락으로 파먹는 중이다. 시인은 사과를 오물오물 먹는 할머니를 바라본다. 노망든 할머니는 일체의 생각을 놓아버림으로 천진난만한 존재, 즉 "천 년 동안 아직도 아가인 그 사람"으로 돌아간다. 동시에 그 할머니가 살아온 세월을 투시한다. 흘러간 세월은 추상적이지 않다. 그것은 아주 구체적이다.

백 마리 여치가 한꺼번에 우는 소리
내 자전거 바퀴가 치르르치르르 도는 소리
보랏빛 가을 찬바람이 정미소에 실려 온 나락들처럼
바퀴살 아래에서 자꾸만 빻아지는 소리

놀라워라, 세월의 흐름을 소리로 치환해내고 있다. 따지고 보면 지구상에 존재하는 모든 것은 소리를 낸다. 우리는 많은 부분 소리를 듣고 세계를 이해하고 세계와 소통한다. 세월은 소리와 함께 흘러가는 그 무엇이다. 보랏빛 가을 찬바람은 "정미소에 실려 온 나락들처럼" 빻아진다. 세월은 날과 달과 계절과 해를 빻는 것이다. 백 마리 여치가 우는 소리나 자전거 바퀴가 치르르치르르 도는 소리, 그리고 가을 찬바람이 정미소에 온 나락처럼 빻아지며 내는 소리들은 차라리 음악이다.

음악이 시간 속에 있는 것이 아니라 시간 그 자체라면, 그걸 감싼 모든 공간은 소리를 내는 악기면서 악기의 일부다. 우주는 거대한 파이프오르간 음악을 연주하며 제 궤도를 돌아간다. 이렇듯 세월의 흐름을 구체적인 청각 이미지로 치환해내는 것은 김혜순만이 할 수 있는 시적 능력이리라.

세월의 흐름은 다시 큰 사과가 깎이는 모양으로 형상화된다. 둥글게 깎인 사과 껍질은 자전거가 돌고 있는 길이라는 시각적 이미지로 치환한다. 본다는 것은 항상 빛을 보는 것이다. 그러나 뇌는 빛이 망막세포에 일으키는 세포 변화를 감지할 뿐이지 빛을 직접적으로 관측하지 않는다. 본다는 것은 궁극적으로 자기 내부의 관측이다. 그러므로 한 물리학자는 "관측자가 무엇을 보는가 하는 것과 관측자가 누구인가 하는 것은 뗄 수 없는 문제"_{보이치에크 주렉}라고 말한다. "내 자전거 바퀴는 골목의 모퉁이를 만날 때마다/둥글게 둥글게 길을 깎아 내고 있어요". 고향 마을의 골목 모퉁이를 도는 자전거 바퀴는 과도가 사과에서 껍질을 깎아내듯 길을 깎는 중이다.
　　큰 사과 껍질이 벗겨지듯 세월이 흘러가는 사이, 처녀는 어느덧 노망든 할머니가 되었다. 덧없이 가버린 저 세월 뒤에는 처녀 엄마의 눈물과 유모차에 실려 먼 나라로 입양 가는 아가가 숨어 있다. 아가를 먼 나라로 입양 보낸 뒤 눈물을 흘린 저 처녀가 노망든 할머니와 동일인인가? 아마 그럴 것이다.

「잘 익은 사과」는 감각의 향연을 보여준다. 형상적 진실_{노망든 할머니} 위에 감각적 생존_{큰 사과 씹어먹기}을 덧씌워놓은 것이 바로 이 시다.

세월은 백 마리 여치가 한꺼번에 우는 소리를 내거나 자전거 바퀴가 도는 소리를 내며 청각을 자극한다. 하늘의 한 송이 구름은 내려와 내 손등을 쓰다듬고, 그 구름에서는 영원히 나이 먹지 않는 아가의 냄새가 난다. "그 작은 구름에게선 천 년 동안 아직도/아가인 그 사람의 냄새가 나네요". 이 구절은 두 겹으로 읽힌다. 그 아가의 냄새는 천 년이 지나도 잊혀지지 않을 냄새다, 라는 뜻과 그 아가는 천년이 지나도 여전히 아가였던 그 시절의 냄새를 갖고 있을 것이다, 라는 뜻이 겹쳐 있다. 냄새로 각인된 정보는 가장 오래 간다. 아가를 입양 보낸 처녀 엄마에게 아가 냄새는 어떤 경우에도 잊지 못할 기억의 시원始原일 것이다.

시인은 독자들에게 촉각과 후각의 세례를 한 뒤에 마침내 크고 잘 익은 사과의 과육을 숟가락으로 파내 이 없이 잇몸으로 오물오물 먹는 미각의 세계로 이끈다. 그 사과는 맛있는가? 그 사과의 맛은 슬픈 맛인가, 혹은 황량한 삶의 맛인가?

어쩌면 인생은 노망든 할머니가 먹는 잘 익은 사과의 맛에 지나지 않을지도 모른다. 빛과 소리와 냄새, 우리의 감각에 비벼지는 이 모든 것들은 전기적 에너지로 변환되어 우리 마음에 황홀경을 자아낸다. 우리가 산다는 것은 빛, 소리, 촉감, 맛, 냄새가 한데 어울려 만들어낸 판타지아를 통과하는 것이다. 「잘 익은 사과」에 나오는 "노망든 할머니"는 현실과 판타지아의 경계 위에 서 있다.

너무 일찍 철이 들어버린
청춘에게

1

전송하면서
살고 있네.

죽은 친구는 조용히 찾아와
봄날의 물속에서
귓속말로 속살거리지,
죽고 사는 것은 물소리 같다.

그럴까, 봄날도 벌써 어둡고
그 친구들 허전한 웃음 끝을
몰래 배우네.

2

의학교에 다니던 5월에, 시체들 즐비한 해부학 교실에서 밤샘을
한 어두운 새벽녘에, 나는 순진한 사랑을 고백한 적이 있네. 희미한
전구와 시체들 속살거리는 속에서, 우리는 인육人肉 묻은 가운을 입

은 채.

그 일 년이 가시기 전에 시체는 부스러지고 사랑도 헤어져 나는 자라지도 않는 나이를 먹으면서 실내의 방황, 실내의 정적을 익히면서 걸었네. 홍차를 마시고 싶다던 앳된 환자는 다음날엔 잘 녹은 소리가 되고 나는 멀리 서서도 생각할 것이 있었네.

3
친구가 있으면
물어보았네.

무심히 걸어가는 뒷모습
하루종일 시달린 저녁의 뜻을.

우연히 잠깨인 밤에는
내가 소유한 빈 목록표를,
적적한 밤이 부르는 소리를,
우리의 속심은
깊이 물속에 가라앉고
기대하던 그 만남을
물어보았네.

마종기, 「연가 9 」, 『마종기 시전집』, 문학과지성사, 1999

「연가 9」는 따뜻하고 쓸쓸한 시다. 젊은 나이에 너무 일찍 철이 나버린 자의 정서가 고스란히 드러난다. 시의 화자는 대뜸 "전송하면서/살고 있네"라고 말한다. 먼저 죽은 친구를, 군대가는 친구를, 이민가는 친구를 전송하며 우리는 사는 것이다. 우리는 청춘을 전송하며 젊음과도 결별하는데, 그 순간 청춘의 이름으로 얻던 모든 면책의 특권을 잃는다.

우리는 기성세대에 편입되고 온갖 책임과 의무를 감당해야만 한다. "의학교에 다니던 5월에, 시체들 즐비한 해부학 교실에서 밤샘을 한 어두운 새벽녘에, 나는 순진한 사랑을 고백한 적이 있네. 희미한 전구와 시체들 속살거리는 속에서, 우리는 인육人肉 묻은 가운을 입은 채." 새벽녘의 해부학교실에서 순진한 고백으로 시작된 이 첫사랑은 그다지 내구성이 강하지 않다. 연약한 이 첫사랑은 깨지고 이내 과거로 화석화되고 만다.

몇 번의 연애, 몇 번의 헤어짐만으로 벌써 어른이 되어버린 자의 의젓함이라니! "그 일 년이 가시기 전에 시체는 부스러지고 사랑도 헤어져 나는 자라지도 않는 나이를 먹으면서 실내의 방황, 실내의 정적을 익히면서 걸었네. 홍차를 마시고 싶다던 앳된 환자는 다음날엔 잘 녹은 소리가 되고 나는 멀리 서서도 생각할 것이 있었네." 첫사랑의 유효기간은 일 년 안팎이다. 일 년이 가기 전에 첫사랑은 깨지고, 돌보던 앳된 환자는 덧없이 죽고, "자라지도 않는 나이"를 먹으면서 방황을 한다.

스무 살 무렵 니체는 우연히 라이프치히의 한 서점에서 쇼펜하우어의 『의지와 표상으로서의 세계』를 산다. 니체는 날마다 네 시간씩 이 책을 탐독해서 엿새 만에 다 읽는다. 그리고 누이에게 이렇게 쓴다. "우리는 무얼 찾고 있는 거지? 일상의 안위, 아니면 행복? 그게 아니야, 어쩌면 너무나 소름끼치도록 그릇된 진실 외엔 아무것도 아닐 지도 몰라……" 스무 살 무렵 내가 찾고 있던 것은 무얼까? 기꺼이 삶의 외피를 감싸는 기만들과 싸워야 한다는 것. 진짜 의사가 되려면 철저하게 아파봐야 한다는 것. 고통에의 투신을 두려워하지 말아야 한다는 것. 그 무렵 내가 금과옥조로 품고 있던 것, "삶은 아름답다, 그것 말고 구원은 어디에도 없다"_{알베르 카뮈}.

다시 마종기의 시로 돌아가자. 삶과 죽음이 하나라는 깨달음에 이른 봄날, 너무 일찍 체념하고 너무 일찍 달관해버린 이 청춘은 조금은 위악적이고 냉소적이다. "여자에게서 취할 것은/약간의 미모와/약간의 애교와/여자에게서 취할 것은/약간의 요리와/봄날의 이불"_{「연가 10」}이라는 시구는 그 냉소를 슬쩍 드러낸다. 하지만 냉소 아래에는 여전히 여자를 경외하는 마음과 여자와 함께 사는 달콤한 미래에의 갈망이 들어 있다.

"현관이 있는 집을 가지면 소리 은은한 초인종을 달고, 쓸쓸한 친구를 맞으려고 했었지. 파란 항공 엽서로는 편지를 쓰면서 겨울을 사랑하고, 테 없는 안경을 끼고 수염을 조금만 키운 뒤, 조용히 가라앉은 목소리로 헤세의 아우구스투스를 읽으려고 했었지. 이제 당신은 알고 말았군. 길어야 6개월의 대화만이 남은 것, 6개월의 사랑, 6개월의 세상, 6개월의 저녁을, 그리고 나에게 남은 6개월의 상심을, 6개월의 눈물을 알고 말았군"「연가 10」.

현관이 있는 집, 멀리 있는 친구에게 파란 항공 엽서에 편지를 쓰는 것, 테 없는 안경을 끼고 수염을 조금 기르는 것, 헤세의 아우구스투를 읽는 것……. 이 조촐한 행복이 시의 화자가 꿈꾸는 미래다. 그러나 각박한 현실은 그 소박한 꿈마저 쉽게 허락하지 않는다는 사실을 이미 안다.

봄날은 빨리 저물고, 친구들의 웃음 끝은 어쩐지 허전하다. 벌써 살아가는 일이 녹록치 않다는 것을 배우며 씁쓸한 달관에 이른 것이다. 그 친구들에게 "무심히 걸어가는 뒷모습/하루종일 시달린 저녁의 뜻을" 물어본다 해도 내가 원하는 대답을 들을 수는 없다. 청춘이 지나간 뒤 이룬 것은 없고, 이뤄야 할 것들은 많은데 삶은 여전히 혼란스럽고 우연과 모호함 속에 숨어 있다. 불확실한 미래 때문에 잠들지 못하는 밤들도 많아지는 것도 이 무렵이다.

어느 날 아침, 나는 미치지도 않았고, 자고 일어난 뒤 갑자기 유명해지지도 않았다. 나는 술과 담배를 못하고, 일찍이 포커도 배우지 못했다. 내게는 죽은 친구가 찾아오지도 않고, 그랬으니 죽은 친구가 귓속말로 "죽고 사는 것은 물소리 같다"고 속삭이지도 않았다. 나는 비루하고, 삶은 바람의 기운을 받아 솟구치는 파도의 기세와도 멀었다. 연애도 못한 채 늘 시립도서관 주변을 맴돌며 우울하게 통과하던 그 비루한 스무 살 시절, 「연가 9」는 내가 가장 좋아하던 시편 중의 하나였다. 나는 이 시를 줄줄 외웠다. 이 시를 외우며 크

나큰 위안을 얻곤 했다.

청춘에서 아득히 멀리 사라졌지만, 나는 여전히 자라지도 않는 나이를 먹는다. 살아온 날들보다 살아갈 날들이 점점 짧아지는 삭막한 중년의 나이에도 한밤중에 잠이 깨면 "적적한 밤이 부르는 소리"에 쉽게 잠들지 못한다. 가끔 한밤중 조용히 귀 기울이면 나를 떠나간 사람들, 지금은 어디에 사는 지도 모를 그들이 나를 애타게 부르는 듯하다. 아니 그들이 나를 부르는 게 아니라 내가 그들을 애타게 부르고 있는 것이다.

씹히거나,
씹힘을 당하거나

누군가 씹다 버린 껌.

이빨자국이 선명하게 남아 있는 껌.

이미 찍힌 이빨자국 위에

다시 찍히고 찍히고 무수히 찍힌 이빨자국들을

하나도 버리거나 지우지 않고

작은 몸속에 겹겹이 구겨넣어

작고 동그란 덩어리로 뭉쳐놓은 껌.

그 많은 이빨자국 속에서

지금은 고요히 화석의 시간을 보내고 있는 껌.

고기를 찢고 열매를 부수던 힘이

아무리 짓이기고 짓이겨도

다 짓이겨지지 않고

조금도 찢어지거나 부서지지도 않은 껌.

살처럼 부드러운 촉감으로

고기처럼 쫄깃한 질감으로

이빨 밑에서 발버둥치는 팔다리 같은 물렁물렁한 탄력으로

이빨들이 잊고 있던 먼 살육의 기억을 깨워

그 피와 살과 비린내와 함께 놀던 껌.
지구의 일생 동안 이빨에 각인된 살의와 적의를
제 한몸에 고스란히 받고 있던 껌.
마음껏 뭉개고 갈고 짓누르다
이빨이 먼저 지쳐
마지못해 놓아준 껌.

김기택, 「껌」, 『껌』, 창비, 2009

시인은 도시를 거점 삼아 생계를 해결하고 그 안에서 움직이는 도시생활자다. 도시는 표면이 곧 심연인 세계다. 그는 불가피하게 도시생활자의 감각에 포착된 도시를 노래한다. 이상과 김기림이 일찍이 길을 내고 김수영과 최승호가 걸어간 그 길에 김기택은 서 있다. 도시를 횡단하는 자들, 이 도시의 골상을 뜯어보고 그 운명을 예지하는 유물론적 골상학자들! 이들은 세속의 계시를 시로 구현한다.

생명들은 물렁물렁하고 나약하고 발랄하다. 속도−기계들은 딱딱하고 강하고 무뚝뚝하다. 시인은 그것의 대립을 차갑게 바라본다. 겉으로 드러난 김기택은 차가운 사실주의적 관찰자이지만, 속으로는 어둡고 우울한 비관주의자다. 때로 그의 사실주의적 관찰은 집요하고 끔찍해서 읽는 사람을 놀라게 한다. 이를테면 「개 2」를 읽

읽을 때 나는 온몸에 소름이 돋는다. 『껌』은 메마르고 퉁명스런 도시를 살아내야 하는 도시생활자의 불편한 심경을 노래한 시집이자, 둥근 바퀴들의 발명에서 시작된 속도-기계의 생태를 오래도록 관찰하고 그것이 생명을 대하는 무뚝뚝함과 비정함을 일러바치는 고현학적考現學的 탐구의 결정물이다.

야만적 사회는 서로가 적이 되어 으르렁거리는 사회며, 죽기나 죽이는 살육의 열기로 끓는 사회다. 만인이 만인의 늑대가 되어 사는 사회에서는 날카로운 이빨로 상대의 숨통을 물어 끊어 잡아먹거나 아니면 상대에게 잡아먹힌다. 이 사회에서는 책략과 전략이 윤리와 도덕을 앞지르는데, 책략과 전략 아래로는 항상 무겁고 걸쭉하고 끈적거리는 붉은 핏물이 강물로 흐른다. 이기주의라는 이름의 야수들이 활개를 치고, 이타주의라는 이름의 정신들은 반딧불이로 어둠 속에서 희미하게 깜빡거린다.

서로를 향한 공포와 증오와 역겨움은 넘쳐나는 이런 사회에서 생존의 가장자리에서 살아남는다는 것은 등짝에 "이미 찍힌 이빨자국 위에/다시 찍히고 찍히고 무수히 찍힌 이빨자국들"이 남는 일이다. 보이는 것은 상처가 아문 흉터로 남고, 숨은 것은 트라우마로 변한다.

타자는 늘 불필요한 잉여, 끈끈이, 천덕꾸러리, 괴물, 불행과 추악의 근원이다. 그러나 사람들은 자신이 바로 타자라는 사실은 빨리 잊는다. 니체는 『차라투스트라는 이렇게 말했다』에서 뱀에 목구멍을 물린 양치기의 우화를 들려준다. "몸을 비틀고 캑캑거리고 경련을 일으키며 얼굴을 찡그리고 있는 어떤 젊은 양치기가 눈에 들어오는 것이 아닌가. 시커멓고 묵직한 뱀 한 마리가 매달려 있었다. 내 일찍이 인간의 얼굴에서 그토록 많은 역겨움과 핏기 잃은 공포의 그림자를 본 일이 있던가? 그는 잠을 자고 있었나? 뱀이 기어 들어가 목구멍을 꽉 문 것을 보니.” 이것은 하나의 환영이다.

뱀에 물린 이 양치기는 누구인가? 바로 우리들이 아닌가? 뱀은 불행이자 고결함을 잃은 추악한 인간의 상징이다. 우리는 그 불행과 추악한 인간들에 물려 캑캑거리는 불쌍한 양치기들이다. 뒤집어서 그 역상逆像을 보면 우리 자신이 바로 타자의 불행이며, 타자의 목구멍을 물어뜯고 있는 뱀이 아닌가? 시인은 우리 안에 “이빨들이 잊고 있던 먼 살육의 기억”, 즉 “이빨에 각인된 살의와 적의”가 숨어 있다고 말한다. 우리는 풀도 나무도 없고, 물도 흐르지 않고, 새소리도 들리지 않는 뱀들의 골짜기 속에서 서로를 물기 위해 몸을 숨기고 있다.

이빨들은 “고기를 찢고 열매를 부수던 힘”을 내장하고 있다. 우리는 그 이빨들을 숨기고 있다. 그러다가 필요한 순간에 이빨들을 드러내어 타인을 물어뜯는 것이다. 이빨들은 충동이고 욕망이며, 추악한 이기심이고 자기기만이며, 집중된 권력이다. 씹으면 씹는대로 그 저작의 힘에 순응하는 “껌”은 순교자들이다. 이 순교하는 “소수자들”은 숫자가 적은 게 아니라 중앙의 척도에서 비켜난 자들이다.

가난한 나라의 이주노동자들, 강제수용소의 유대인들, 굶주리고 학대받는 아이들, 계속되는 노동과 수고로 인해 피로에 절은 도시생활자들, 납세와 병역의 의무 아래에서 헐떡거리는 우리들 모두는 소수자들이다. 우리는 씹히면서 동시에 "껌"을 씹는 이빨들이다. 우리는 씹히거나 씹힘을 당하지만 용케도 부서지거나 찢어지지 않는다. 한 몸으로 피해자이자 가해자인 우리는 상처를 받으며 상처를 주는 존재들인 것이다.

우리는 문명의 시대를 산다. 이 문명은 과학-기술-산업의 아들이다. 김기택의 시들은 이 문명의 주변에 질펀하게 널려 있는 죽음의 곡절들을 채집하고 그것들을 낱낱이 일러바친다. 시인은 이 죽음들이 대개는 평화스런 자연사가 아니라 갑작스런 비명횡사들이라는 점에 주목한다. 문명의 야만적 반생명성을 뿜어내는 것은 그 내부에서 이것을 가동하는 미친 속도들이다. 이것의 "거칠 것 없이 뽑혀져나오는 속도"「고속도로」는 뭇 생명의 리듬을 불편한 것, 미개한 것, 비효용적인 것으로 낙인찍는다. 문명은 속도들을 집어삼키고 그 내부에 스스로의 종말을 감추며 영구적 파멸로 달린다. 문명이 이 속도를 물신화하자, 속도는 곧 생명을 누르는 폭력으로 변질한다. 이 속도와 맞부딪치는 순간 생명들은 바로 임계점에 도달한다. 그리하여 "터져버린 체액은 유리창에 남고/거죽은 탄피처럼 튕겨져나"「교통사고」간다. 속도-기계들은 생명의 조건과 상황을 규정하고 빠르게 바꿔나간다. 직접적인 현존들은 이 속도-기계들에 둘러싸여 살아남기 위해 악전고투를 한다. 그 정황을 극적으로 보여주는 시가 「커다란 플라타너스 앞에서」다.

덤프트럭 앞에서 짐자전거가 앞만 보며 달린다

갓길 없는 좁은 이차선 도로
아무리 빠르게 밟아도
느릿느릿 돌아가는 자전거 바퀴
사자 아가리 같은 경적이 쩌렁쩌렁 울며 뒷바퀴를 물어도
헛바퀴만 돌리며
아직도 커다란 플라타너스 앞을 지나가고 있는 자전거

자전거를 삼킬 듯 트럭은 꽁무니에 붙어서 오고
거대한 코끼리 한 마리 줄에 달고 가듯 바퀴는 한적하고
발과 페달은 자전거 바퀴보다 빠르게 돌아가고

제국을 향하는 자들은 속도를 취할 수밖에 없다. 마을을 향하는 자들은 느림을 산다. 덤프트럭은 제국에 포섭되고, 자전거는 마을에 포섭된다. 같은 바퀴라고 하더라도 덤프트럭과 자전거의 바퀴는 그 본질에서 차이를 드러낸다. 대량생산과 대량소비의 자본주의적 시스템의 하부구조에 포섭된 덤프트럭의 바퀴는 문명의 속도를 내장하지만 자전거의 그것은 생명의 느린 리듬에 따라 움직인다.

시인은 덤프트럭이 느린 자전거를 추월하려고 경적을 울려대며 위협하는 풍경에서 속도-기계가 생명을 파멸로 모는 양상을 콕 집어낸다. 그러나 문명의 속도-기계들이 아무리 위협해도 생명은 느릿느릿 제 길을 갈 수밖에 없다. 이게 생명의 한계이자 위엄이고 그 무엇으로 대체할 수 없는 아름다움이다. 그러나 문명이 숭배하는 기계-속도 앞에서 생명은 하나의 장애물에 지나지 않는다. 더 심각하

고 우울한 것은 현대 문명은 스스로 이 속도를 제어할 수 없다는 것
이다.

　"이 불편한 속도를 포기할 수 없을 것 같다,/어느날 도로 위에
서 서너 시간 숨통처럼 꽉 막혀 있다가/겨우 그 정체에서 벗어나/
속도에다 온몸의 복수심을 다 집중시켜 정신없이 채찍질 하다가/죽
거나 죽이거나/움직이지 못하는 엉덩이에 둥근 뿔이 달리기 전까지
는"「죽거나 죽이거나 엉덩이에 뿔나거나」. 문명은 "죽거나 죽이거나" 한사코 달
릴 수밖에 없다. 멈추는 순간 문명은 자체의 내부 모순으로 파멸한
다. 이 속도를 눈에 보이지 않게 숨어서 추동하는 것은 무엇일까?
시인은 메마른 목소리로 말한다. 그것은 "지구의 일생 동안 이빨에
각인된 살의와 적의"「껌」라고!

나를 버린 당신,
당신을 버린 나

1

저녁 무렵 때론 전생의 사랑이 맑게 떠오르고
지금의 내게 수련꽃 주소를 옮겨놓은 누군가가 자꾸
울먹이고

내가 들어갈 때 나가는 당신 뒷모습이 보이고
여름 내내 소식 없던 당신, 창 없는 내 방에서 날마다
기다렸다고 하고

2

위 페이지만 오려내려 했는데 아래 페이지까지 함께 베이고

나뭇잎과 뱀그물, 뱀그물과 거미줄, 거미줄과 눈동자, 혹은 구
름과 모래들, 서로 무늬를 빚지거나 기대듯
지독한 배신밖에는 때로 사랑 지킬 방법이 없고

3

그러므로 당신을 버린 나와
나를 버린 당신이 세상에서 가장 청순하고 가련하고

늘 죽어 있는 세상을 흔드는 인기척에 놀라 저만치
달아나는 백일홍의 저녁과
아주 많이 다시 태어나도 죽은 척 내게로 와 겹치는
당신의 무릎이 또한 그러하고

김경미, 「겹」, 『고통을 달래는 순서』, 창비, 2008

   새로 나온 김경미 시집 『고통을 달래는 순서』를 휘리릭 넘기다
가 "가짜를 사랑하긴/싫다 어디든 손톱을 대본다"「생화」는 구절에 눈
이 꽂힌다. 앉은 자리에서 그 시집 전체를 다 통독해버리고 만다. 시
집에는 작은 것들, 이를테면 나비, 동백꽃, 들국화 닮은 새끼고양이
들이 출현하고, 유독 다정에 예민하고 취약하여 "누가 다정하면 죽
을 것 같았다"「다정이 나를」고 말하는 서슴없음과 기척을 하며 다가오
는 세상의 모든 것들에 반응하는 여린 마음의 자취들이 채집되어
있다. 마음의 집이 몸이 아니라 몸의 집이 마음이다.
   그런 까닭에 시인은 "세상에 정 주고 저물녘, 마음 허물어지지

않은 날/하루도 없으니"「해질녘」라는 구절처럼 자주 마음이 허물어지는 걸 겪는다. 재속在俗의 삶이란 건 누구에게나 남루하고 비천하다. 그 남루와 비천에 진절머리치며 "나를 혹 다른 사람한테 잘못 집어넣었거나/나 누군가를 잘못 입은 건 아닐지"「혼선」 의심해보고, "밤한 시에 갓난애처럼 열 번 스무 번 깨어 울거나"「눈물의 횟수」, 아니면 "고층건물 창밖으로 마음 던지고 따라 도망가려 했던 적도 있었다/흙투성이 바닥에 팽개쳐진 그 얼굴 거둬와/사과 깎아먹인 석도 있었다"「만유인력」고 고백하는 것이 아닐까.

자세히 읽은 시의 제목이 「겹」이다. 전생의 사랑과 현생의 사랑이 포개져 생긴 겹이고, 그의 몸과 나의 몸이 포개져 생긴 겹이다. 이렇듯 '겹'은 본디 몸의 겹침에서 나왔겠지만, 그 뜻은 몸 너머 몸 아닌 것의 겹침을 실루엣으로 불러온다. 사랑은 몸의 겹침이며 동시에 몸을 버린 마음의 겹침이다. 열애에 빠진 연인들은 몸과 몸을 더 많이 그리고 더 자주 포개 겹치려고 한다. 연인들은 볼과 볼을 비비며 겹치고, 입술과 입술을 마주쳐 겹친다. 애무는 몸과 몸의 겹침이고, 몸이 만든 욕망과 욕망의 겹침이다. 사랑은 그 겹침을 욕망을 넘어서서 마음의 겹침으로 진화하도록 한다. 이 시「겹」에서 보여주는 사랑은 진화하기를 멈춘, 끝나버린, 그래서 아픈 사랑이다. 그 아픔은 "지독한 배신밖에는 사랑 지킬 방법이 없고"에서 확연하게 드러난다. 이 사랑은 서로가 서로를 버리고 뒤돌아섬으로써 그 사랑을 끝내 지키려는, 지독한 사랑이다.

"그러므로 당신을 버린 나와/나를 버린 당신이 세상에서 가장 청순하고 가련하고"에 따르자면 이 겹은 어긋난 겹이다. 이 어긋남은 애초의 의도와 기대를 배반한다. 어긋남으로 인해 기획이나 기대와는 다른 결과를 불러온다. 이를테면 "위 페이지만 오려내려 했는데 아래 페이지까지 함께 베이고"와 같은 상황이 그렇다.

대개의 사랑은 의도와 기대대로 되지 않는다. 많은 사랑은 의도하지 않은 데서 오고, 더 많은 사랑은 기대와 다른 곳에서 시작한다. 보라, "내가 들어갈 때 나가는 당신 뒷모습이 보이고/여름 내내 소식 없던 당신, 창 없는 내 방에서 날마다/기다렸다고 하고"라는 구절을. 내가 들어갈 때 당신은 나가고, 내가 나갈 때 당신은 들어온다. 내가 없는 저곳에서 당신은 하염없이 기다리니, 내가 있는 이곳에 당신의 모습은 보이지 않는다. 이 엇갈림! 그래서 사랑은 맥락 없음과 혼선과 오류투성이고, 미몽迷夢이라고밖엔 말할 수 없는 그 무엇이다.

"인기척에 놀라 저만치 달아나는 백일홍의 저녁"은 관능의 열락으로 몸이 불꽃같던 저녁이었거나, 누군가를 기다림으로 그 관능적 열락에의 기대만으로도 황홀했던 저녁이었음을 암시한다. 백일홍은 백 일 동안 그 붉음을 잃지 않는다는 뜻과 백 일을 기다려 만개하는 꽃이라는 중의衆意를 갖는다. 백일홍은 불의 원소를 가진 불의 꽃답게 타오르는 몸의 사랑, 그 성적 몽상을 불러일으키는 꽃이다. 붉은 빛을 의기양양하게 뿜어내는 백일홍은 사랑의 현전現前에 대한 강력한 은유다.

서정주는 「백일홍 필 무렵」에서 "칠월이어서 보름나마 굶어서/백일홍이 피어서/밥상 받은 아이같이 너무 좋아서/비석 옆에 잠시 서서 웃고 있었지"라고 노래했다. 보름나마 굶은 아이가 밥상을 받고 웃는 웃음이 어떻겠는가! 사실은 굶은 것은 아이가 아니다. 백일홍 핀 것을 보고 웃으며 비석 옆에서 누군가를 기다리는 이 사람이 바로 보름나마 사랑에 굶주렸던 것이다. 이 사람은 붉은 백일홍같이 성적인 열락에의 갈망과 그 열락이 가져올 환희에 대한 기대에 휩싸여 설레는 사람이다. 그 백일홍의 저녁은 저만치 달아나버려 이미 과거지사가 되어버렸다. 그 저녁은 붉은 꽃을 피운 백일홍의 기쁨을 가져다주던 그 사람이 지금 여기에 없어서 그리움의 대상이 되고 만 허무하고 쓸쓸한 저녁이다.

이 사랑이 "청순하고 가련"해진 것은 어긋난 사랑이기 때문이기도 하거니와 다른 한편으로 흔적만 남기고 지나간 사랑이기 때문이다. 사랑은 내상內傷이다. 눈에 보이지 않는 상처다. 헛디딘 발이 허방에서 잠시 아찔할 때와 마찬가지로 「겹」은 어긋난 사랑과 그 상처를 핥고 가여워하는 시다. 그 가여움 때문에 "아주 많이 다시 태어나도 죽은 척 내게로 와 겹치는/당신의 무릎"에 몸과 마음을 내주는 것이 아닐까. 그게 다정이다. "당신은 세상 몰래 죽도록 다정하겠다, 매일 맹세하죠. 거짓말이죠. 세상 몰래가 아니라 세상 뭐라든이 맞죠. 아시죠. 이것도 거짓말. 사실은 매일이 아니고 매시간이죠"「다정이 병인 양」.

사랑은 서로를 다정으로 끌어안는 것이다. 사람들 몰래가 아니라 사람들 뭐라고 하든 당당하게. 매일이 아니고 매시간 하염없이. 그 당당하게와 하염없음도 끌어안을 그 사람이 없다면, 허공을 가르는 복서의 주먹처럼 무용한 정열이 되고 마는 것이다.

그 많던 청춘들은
다 어디서 떠돌고 있을까

그때 봄날 우리들은 삶의 극지

삼송리거나 교문리에서 살았는데

극지여서 그랬으리 봄은 더욱 신랄했으니

나주 배꽃 한창인데도 길 떠나지 못해

안달할 적이며 더워진 마음은

삼송리거나 교문리 가는 밤길에 올라섰는데

몸들이 불을 켜 밤길 훤했다

보름 쪽으로 둥글어지던 달빛이며

은박지처럼 빛나던 개구리 울음소리

안으로 안으로 옹골차지던 배꽃이

숨가빠 죄다 숨이 가빠

봄밤은 흥건했으나

속수무책으로 나는, 그대는

하르르 하르르 무너졌으니

나는 그대는 우리들은

늘 맨 처음 아니면 맨 끝이었으니

우리들은 서로
그리고 더불어 극단이었다

남행하지 못한 늦봄 심야
스스로 불켜고 근교로 나갔던 발광체들이
저마다 배 속으로 들어가 문 걸어 잠근 배꽃들을
소리쳐 부르고 있었으니

이문재, 「배꽃은 배 속으로 들어가 문을 잠근다」, 『마음의 오지』, 문학동네, 1999

───────────

　이문재는 아주 섬세하게 비애의 가족사를 시에 담아냈다. 고은의 초기시가 없던 누이와 형수를 호명해서 낭만적 가족사를 지어낸 것과 마찬가지로 그 가족사는 몽상주의자가 지어낸 아우라로 모호하고 불확실했다. 그이가 죽은 형수와 옛집 지붕 위로 흘러가는 별들을 호명하며 옛 기억들에 아우라를 만들 때 거기엔 어떤 정치적 자각이 깃들 여지가 없었다. 청년의 내면에 들끓는 욕망들은 결핍의 자리에서 정화 과정을 거쳐 탁기가 빠진 맑은 그리움으로 변하는데, 젊은 몽상주의자의 그 관습적 레토릭의 문체는 항상 근거가 불확실한 그리움의 습기를 잔뜩 머금어 쥐어짜면 물이 뚝뚝 떨어졌다. 습기로 부푼 그 세계는 녹진하고 모호한 그 자체로 완전무결한 세계였다.

그이가 변한 것은 문명이 제 몸과 마음의 불화를 촉발하게 한다는 참담한 자각이 있은 뒤다. 어느 날 제 몸이 있는 곳에 마음이 없고, 마음이 있는 곳에서 떨어진 몸이 홀로 헐벗은 채 떨고 있는 무참함과 마주친 뒤 그이는 문명에 내장된 야만성과 폭력성에 진저리치며 건강한 생태 환경을 지키는 전사戰士로 거듭난다.

효율과 생산성에 대한 광신적 믿음 때문에 생명의 존귀함과 몸의 생체리듬인 느림을 멸절하려는 문명의 음모에 맞서 그이는 비타협적 싸움을 거두지 않았다. 그이의 문체는 모호함을 떨쳐내고 단호하고 명확한 전언을 실어 나르기 시작한다. 이를테면 "내 삶은 이미 환경문제였다/나는 공해배출업소였다"「고비사막」라는 문장에는 한 점의 모호함도 없다. 그이의 시는 몸에서 멀어진 마음을 몸의 크기에 맞춰 몸으로 되돌려놓는 '산책'을 주목하고, 문명의 야만성에 연루되지 않은 채 생명을 기르고 거두는 소농小農의 유기농 농업 노동을 예찬한다.

그이의 문학적 근황은 여전히 생태학적 상상력 언저리, '산책'과 '농업박물관'"농업박물관 앞뜰/나는 쪼그리고 앉아 우리 밀 어린싹을/하염없이 바라다보았다."「농업박물관」, 즉 느림, 비움, 슬로푸드, 언플러그드, 녹색혁명 등에서 그리 멀리 나아가지 않은 자리에서 이루어진다.

서울에서 밀려난 청춘들이 하나둘씩 모여 살던 곳이 삼송리나 교문리인데, 그곳은 아직 배밭이 있던 한적한 서울 변두리였다. 1980년대 초 미개발지로 논밭이 남아 있던 삼송리나 교문리의 황량한 벌판은 보들레르의 알바트로스처럼 먼 지평으로 날던 청춘들이

제 버거운 삶을 내려놓은 기착지였다. 그 변방에서 오갈데 없는 청춘들은 암탉이 포란抱卵을 하듯이 꿈과 절망 두어 개쯤을 품고 세월을 기다렸다. 그들은 제가 품은 꿈과 절망들이 훗날 어떤 새들로 깨어나 날개짓을 할지, 알 수가 없었다. 미래는 아직 불확실한 안개 저 너머에서 아지랑이처럼 흔들리고 있었으니까.

그 변두리에도 봄은 어김없이 찾아왔다. "보름 쪽으로 둥글어지던 달빛" "은박지처럼 빛나던 개구리 울음소리", 그리고 "안으로 안으로 옹골차지던 배꽃"이 어우러진 그 봄밤 숨결을 가진 것들은 천지에 들어찬 봄의 생기와 아름다움에 취해 제 삶이 머문 자리보다 더 먼 곳을 꿈꾸기 일쑤였다. 허나 어쩌랴.

극지여서 그랬으리 봄은 더욱 신랄했으니

안달이 난 마음은 발정난 고양이들처럼 온몸에 불을 켜고 안절부절 못했다. 그렇다, 삼송리나 교문리가 극지여서 더욱 그랬던 것이다. 누구는 감옥으로 가고, 누구는 프랑스로 유학을 떠나고, 누구는 인도로 성지 순례를 가는데, 감옥도 유학도 성지 순례도 떠나지 못한 미욱한 청춘들만 남아 더워진 마음으로 삼송리나 교문리에 오는 봄을 속절없이 맞았다. 봄은 간절하게 기다린 자나 기다리지 않은 자에게 평등하게 분배되었다. 그 분배에는 어느 한 사람 예외도 없이 누구에게나 똑같이 나눠진다는 원칙과 정의가 시퍼렇게 살아 있었다. 배나무마다 배꽃들은 작렬하고 달빛은 환하게 부서져 내려 밤하늘의 별들조차 전율하고, 봄은 그토록 신랄하게 마음을

들쑤시는데, 오, 그 신생의 삶을 못하고 그늘에 붙잡혀 있는 청춘들
이라니!

그들은 거기를 뜰 수가 없었다. 그곳은 청춘의 극지였으므로
"봄은 더욱 신랄"하고 바람이 든 마음들은 저 멀리까지 달아났다
다시 돌아오곤 했다. 거기에 엎드려 사는 청춘들은 너나 할것없이
삼송리나 교문리 너머의 삶을 꿈꾸고 있었으므로 그 삶이 비천했
다. 가난하고 미래도 불확실한 그 시절의 삶이 아무리 비천하다 해
도, 온통 배꽃의 흰빛에 물드는 봄밤의 저 서울 외곽 삼송리나 교문
리에는 말 그대로 피안彼岸의 황홀함이 번지곤 했다.

속수무책으로 나는, 그대는
하르르 하르르 무너졌으니

봄은 천지의 기운이 음에서 양으로 바뀌는 절기다. 봄밤의 흥
건함은 오로지 양의 기운으로 충만해 있기 때문이다. 소녀들은 초
경의 붉은 피를 흘리고, 소년들은 제 몸에서 새 순筍이라도 돋는 듯
온몸이 근질근질 해진다. 땅속의 뿌리들은 연한 흙속을 더듬어 물
과 자양분을 취하고, 씨앗들은 땅거죽을 밀어 올리며 싹을 내민다.
양기의 힘을 받은 온갖 생령들은 저를 짓누르는 무거운 것들을 찢
고, 깨고, 솟아난다.

서둘러라, 봄밤의 가지들이여, 피워내야 할 꽃잎들을 부지런히
피워내라. 우리를 이끄는 것은 잿빛 삶을 뚫고 나와 하늘과 땅 사이
를 물들인 흰빛이다. 배꽃은 어둠 속에서 빛나는 발광체이다. 배밭

은 흰빛의 고요로 충만한 바다다. 흰 깃을 가진 수천의 새들이 긴 바다의 어둠에서 날아오른다. 배나무 가지에 숨어 있던 피닉스들이 자꾸자꾸 흰 깃을 달고 밖으로 튀어나온다. 그것은 잿빛 죽음을 뚫고 나오는 흰빛의 삶이다. 죽음을 질료 삼아 피어나는 이 신생의 삶들을 물어 나르는 불의 새들, 영원히 죽지 않는 피닉스들이다. 우주에 깃든 양의 기운으로 생기를 얻은 불의 새들은 생로병사를 가로질러 날아간다.

> 스스로 불켜고 근교로 나갔던 발광체들이
> 저마다 배 속으로 들어가 문 걸어 잠근 배꽃들을
> 소리쳐 부르고 있었으니

1980년대 서울의 변방인 삼송리나 교문리는 삶의 극지였다. 그 시절 그곳에는 목숨을 바쳐 지켜야 할 의로움도 없고, 휘황한 흰빛에 물든 비천한 삶들은 널려 있었다. 그곳이 곧 남극이거나 북극이라고 단정질 수는 없지만 무릉도원이 아닌 것은 분명하다. 그만큼 척박하고 그만큼 가난했다. 흰빛들은 잠든 욕망들을 두드려 깨운다. 그래서 성적 욕망들이 소용돌이로 마음은 더워지고 숨결은 자꾸 가빠진다.

극지에서 극지가 아닌 곳, 즉 '다른 곳'에서 '다른 삶'을 살아보고 싶다는 꿈을 꾸는 것은 청춘의 권리다. 그러나 현실은 문문하지 않다. 흰꽃이 되고 온몸에 불을 밝혀 어둠을 밝히고자 하나, 그 꿈들은 속수무책으로 "하르르 하르르 무너졌으니", 그들이 나아갈 길

은 단 하나 뿐이었다. 삼송리나 교문리에서 그들 스스로 '극단'이 되는 것이었다. 취기가 불러일으킨 만용에 기대 두보_{杜甫}나 이하_{李賀}의 후손임을 참칭하거나 랭보나 보들레르의 위악과 퇴폐를 무단으로 가져다 훈장처럼 제 가슴에 달고 몰래 염세주의적인 시를 쓰거나 했다. 그 시절 삼송리나 교문리에서는 누구나 나는 너에 대해, 너는 나에 대해, 그리고 시와 삶과 세계에 대해 '극단'이었다. 배나무 가지에 달라붙은 발광체들이 마침내 배속으로 들어가 문을 걸어 잠근다.

　배꽃이 만개해서 그 흰 꽃잎들이 하르르하르르 지던 저 아득한 봄밤 그 발광체들은 용솟음치는 양의 기운들을 배 속에 가두고 스스로 둥글어져 속이 옹골찬 배로 익어갈 것이다. 마찬가지로 삼송리나 교문리를 뜨지 못한 미욱한 청년들은 그 '극단'에서 스스로 둥글어져 하나의 우주를 이룰 것이다. 그때 저 배꽃이 황홀하게 피고 지던 서울 근교에서 속수무책으로 무너지던 그 많던 청춘들은 지금 어디에서 무엇이 되어 떠돌까?

어머니는 젊은 날 동백을 보지 못하셨다

땡볕에 잘 말린 고추를 빻아

섬으로 장사 떠나셨던 어머니

함지박에 고춧가루를 이고

여름에 떠났던 어머니는 가을이 되어 돌아오셨다

월남치마에서 파도소리가 서걱거렸다

우리는 옴팍집에서 기와집으로 이사를 갔다

해당화 한 그루가 마당 한쪽에 자리잡은 건 그 무렵이었다

어머니가 섬으로 떠나고 해당화꽃은 가을까지

꽃이 말라비틀어진 자리에 빨간 멍을 간직했다

나는 공동우물가에서 저녁해가 지고

한참을 떠 있는 장관 속에서 서성거렸다

어머니는 고춧가루를 다 팔고 빈 함지박에

달무리 지는 밤길을 이고 돌아오셨다

어머니는 이제 팔순이 되셨다

어느날 새벽에 소녀처럼 들떠서 전화를 하셨다

사흘이 지나 활짝 핀 해당화 옆에서

웃고 있는 어머니 사진이 도착했다

어머니는 한 번도 동백을 보지 못하셨다

심장이 고춧가루처럼 타버려

소닷가루 아홉 말을 잡수신 어머니

목을 뚝뚝 부러뜨리며 지는 그런 삶을 몰랐다

밑뿌리부터 환하게 핀 해당화꽃으로

언제나 지고 나서도 빨간 멍자국을 간직했다

어머니는 기다림을 내게 물려주셨다

박형준, 「멍」, 『춤』, 창비, 2005

시인의 첫인상은 순박한 시골 청년의 그것이었다. 그는 "조용히/나무에 올라 발자국을 낳고 싶다"「봄밤」, 『물속까지 잎사귀가 피어 있다』고 쓴다. 발자국을 낳다니! 그의 시에는 무수한 발자국들이 고스란히 찍혀 있다. 그가 걸어온 자취들이다. 이 발자국들은 무리에서 떨어져나와 자기 속에 버티는 머무름의 흔적이다.

박형준은 마당에 해당화가 있는 집에서 살았나보다. 시인의 다른 시에도 마당의 해당화가 나온다. 시인은 어린시절 한때 옴팍집에서 살았나 보다. 시인의 다른 시에도 옴팍집 얘기가 나온다. 가령 "석유를 먹고 온몸에 수포가 잡혔다./옴팍집에 살던 때였다./ (중략)/옴팍집 흙벽에는 석유처럼 가계家系/속절없이 타올랐다"「지평」,

"소년이 사는 옴팍집은/불빛이 깊다"「옛집으로 가는 꿈」라는 구절들이 그렇다. 집은 땅에 움을 파고 풀로 지붕을 엮어 만든 움집도 있고, 흙벽에 볏짚으로 지붕을 얹은 초가집도 있고, 산기슭에 지은 오두막집도 있고, 기와로 지붕을 얹은 기와집도 있다. 옴팍집은 움집 비슷한 게 아닌가 싶다. 시인의 아버지는 일제강점기 때 징용으로 끌려갔다 돌아왔나 보다. 아버지는 창호지에 저녁빛이 스며들 무렵 징용 가서 배운 일본 노래를 혼자 부른다. 그런 환경 속에서 소년은 미래의 시인으로 살았다.

박형준을 시인으로 키운 것은 가난과 어머니와 옴팍집과 창호지에 스며드는 저녁빛과 땅거미지는 들녘이다. 그의 시에는 시골에서 보낸 어린시절이 원체험으로 자리하고 있다. 가령 "부뚜막에 앉아/장작불이 타오르는 모습을 바라보았다./캄캄한 온돌 아래/깊디깊게 겨울밤이 지펴졌다./갓 낳은 송아지의 발바닥을 만지며/잠이 들었다./온돌의 불기처럼 부드러웠다. // 엄마소가/난산 끝에 죽은/기나긴 밤이었다"「송아지」와 같은 시가 그렇다.

갓 낳은 송아지의 따뜻한 발바닥을 만지며 잠드는 체험은 도시에서 자란 소년들은 도무지 가질 수 없는 체험이다. 사람이 아닌 생명을 가진 어린 것의 온기는 '나'의 따뜻한 현전이 그냥 익명으로 있는 것이 아니라 다른 것들의 따뜻한 현전에 감싸여 있으며 그것과 연결된 것이라는 신비에의 깨달음에 이르게 했을 것이다. 익명의 있음은 아무것도 아님의 다른 말이다. 이 온기는 그 아무것도 아님에 살아있음의 의미를 불어넣는다.

「멍」에 따르면 시인의 어머니는 함지박에 빻은 고춧가루를 이고 인근 섬들을 돌며 장사를 했다. 어머니는 여름에 떠났다가 가을이 되어 돌아온다. 섬들을 돌며 고춧가루를 다 팔고 빈 함지박을 이고 밤길을 돌아오신다. 그렇게 벌어서 식구들의 입에 들어가고 자식들 공부를 시켰을 것이다. 고단한 삶이다. 어머니의 장사는 번창한 모양이다. 장사로 남긴 이문들이 살림살이의 주름을 펴고 여유를 갖게 했을 것이다. 마침내 "우리는 옴팍집에서 기와집으로 이사를 갔다." 이사한 그 집 마당 한쪽에 해당화 한 그루가 심어졌다.

어머니를 기다리며 해가 질 무렵 공동우물가의 잔광 속에서 서성거리는 소년은 어른이 되고, 함지박 장사로 늠름하게 생계를 해결하던 어머니는 이제 팔순이 되었다. 팔순의 어머니는 활짝 핀 해당화 옆에서 웃고 있는 사진을 아들에게 보낸다. 어머니의 삶은 해당화와 동백 사이에 있다. 해당화는 흰꽃을 피우고, 동백은 붉은 꽃을 피운다. "어머니는 젊은 날 동백을 보지 못하셨다" "목을 뚝뚝 부러뜨리며 지는 그런 삶을 몰랐다"라는 구절에 의하면 어머니는 붉은 동백꽃을 보러 유람을 떠나신 적이 없다. 그랬으니 동백이 그 붉은 꽃을 모가지 째 뚝뚝 떨군다는 사실도 모른다.

어머니는 가족을 위해 자기를 희생한 본보기다. 자기를 희생한다는 것은 삶을 자기 것으로 향유해본 적이 없다는 말과 같다. 시인은 그런 사실을 어머니가 동백을 한 번도 본 적이 없다는 말로 에둘러 표현한다.

「멍」을 나는 꽃의 시로 읽는다. "밑뿌리부터 환하게 핀" 해당화

꽃은 얼핏 "심장이 고춧가루처럼 타버린" 팔순의 어머니와 겹쳐진다. 다시 늙은 어머니는 해당화꽃 진 자리에 생기는 빨간 멍으로 전이된다. 어머니는 동백을 한 번도 보지 못한 사람이고, 동백을 보지 못했기 때문에 동백의 삶을 살아보지 못했다. 어머니는 화사하게 피었다가 절정에서 모가지째 뚝뚝 떨어져 절명하는 동백의 화사하고 드넓은 삶과는 먼 삶을 살았다. 사람을 동백을 본 사람과 보지 못한 사람으로 나눈다면 이 어머니는 후자에 속할 것이다.

박형준의 상상세계에서 꽃은 빛과 불을 머금은 현존의 상징이다. "천길 절벽 아래/꽃파도가 인다"「춤」라는 구절에서 절벽 아래에 이는 파도는 그 자리로 추락하는 어린 날것들에게 죽음의 자리다. 그런데 그 죽음으로 일렁이는 물결을 시인은 꽃파도라고 한다. "올라가서 올라가서 이제,/바람에 뒤척이는 꽃밭이 되어라"「저녁 꽃밭」라는 시구에서 "바람에 뒤척이는 꽃밭"은 싱그러운 것들이 어우러져 이룬 장엄한 생명의 경관景觀에 대한 은유다. 그 꽃의 이미지를 변주한 게 무늬다. "내 생이 저렇게 일시에 얼어붙을 수 있다면/나는 어떤 무늬를 내부에 간직할 수 있을까"「얼음 계곡」. 해당화 말라비틀어진 자리에 빨간 멍이 생긴다.

혼의 즙액이 말라버린 자리에 생긴 멍은 빛과 불이 없는 꽃이며, 삶의 수고와 시련이 은밀하게 새긴 무늬다. 그 빨간 멍은 "소댓가루 아홉 말을 잡수신" 어머니의 가슴에 피어있는 꽃이다. 아울러 그 꽃은 "한 번도 동백을 보지 못"한 여인의 가슴에 새겨진 삶의 무늬다. 이 무늬야말로 혼탁한 진흙 세계에 피어나는 천지의 위대한 덕이 아닐까!

무사하구나,
　　　다행이야

가까스로 저녁에서야

두 척의 배가
미끄러지듯 항구에 닻을 내린다
벗은 두 배가
나란히 누워
서로의 상처에 손을 대며

무사하구나 다행이야
응, 바다가 잠잠해서

정끝별, 「밀물」, 『흰 책』, 민음사, 2000

'끝별'은 시인의 본명이다. 그이의 부모는 출산의 고통 끝에 얻은 어린 생명의 어여쁨에 뿌듯했을 것이다. 그 뿌듯함으로 갓난아이에게 '끝별'이란 이름을 지어준 그이들은 세상의 안쪽에서 끝내 빛나는 별이 되리라는 기대와 열망을 굳이 숨기지 않았다. 그 기대와 열망대로 그이는 나라 안에서 가장 유명한 여자대학을 나와 박사가 되고 대학의 교수가 되었다. 시와 평론을 종횡으로 누비며 이름을 내고 문단에 제 자리를 찾아 우뚝 섰다.

본디 그이의 꿈은 크지 않았다. "내 어릴 적 꿈은 한적한 종점에 떠 있는/집어등 같은 수예점 하나 갖는 것이었는데/베갯모마다 한 배 병아리를 거느린 암탉과/크낙한 떡갈나무 그늘을 수놓는 것이었는데/삐끗했으리라 먹물길 한가운데 들어/시시로 곤한 몸이 앉지도 서지도 못한다"「토정비결을 보다」. 그이의 꿈은 한적한 종점 어느 모퉁이에 있는 수예점 주인이 되어 수를 놓고 사는 것인데, 그리 되지 못한 모양이다. 그 작고 그윽한 꿈을 이루지 못해 "곤한 몸이 앉지도 서지도" 못하는 모양이다.

그이는 무른 살 없이 마른 사람이다. 제 기운을 몸 안에 쌓기보다 세상의 '끝별'이 되기 위해 밖에서 저를 구동하는 데 다 쓴 탓이리라. 밖에 드러난 것은 안에 숨은 것들을 기어코 드러낸다는 사실에 유추하자면 그이의 마른 몸은 곧 무르지 않은 정신의 곧고 날선 태態다. 몸과 마음을 옹졸함 저 너머로 끌어가려는 윤리의 엄격함이, 일과 공부에 매진하는 자의 열심과 삼엄함이 잉여를 덜어내고 덜어내 마침내 저 곧고 날선 태를 만들었으리라. 그이와 나는 한 시 잡지가 창간하면서 나란히 편집위원이 되어 네 해를 함께 일한 적이 있다. 그때 그이가 두루 많이 알되 그 앎에 매임없이 자유롭고, 저

와 다른 것마저 두루 품는 열린 사람이고, 다정하면서도 재기발랄한 사람인 걸 알았다.

「밀물」은 "가까스로"에 의지해 홀연 저녁의 고요를 드러낸다. "가까스로"는 버거운 것을 견뎌낸 패배하지 않는 의지의 자랑스러움과 버거운 것을 상대하는 생명의 고단함을 함께 드러내는 부사어다. 세상의 잡답과 들끓는 욕망이 내는 소리들의 버거움을 견뎌낸 뒤에야 비로소 고요는 제 존재를 나타낸다. 이 고요는 나와 세계 사이의 근원적인 조화와 평화의 느낌에 이어진다. 거칠고 위험한 바다를 항해하고 마침내 항구에 닿은 두 배는 "가까스로" 이 고요에 이르렀다. 아니 고요에 닿은 것이 아니라 고요 그 자체가 된 것이다. 바다는 잠잠하고 기우는 저녁의 빛은 그 바다의 잠잠함을 고즈넉하게 만든다. 전쟁광들도 잠들고, 서로 물어뜯고 한 번 물은 건 절대 놓지 않는 미친개들의 울부짖음도 그 고요 아래로 숨는다. 절대적으로 고요한 세계는 저절로 주어지는 것이 아니다. 그것은 애쓰고 힘들여 얻은 것이다. 고요는 일체의 욕망을 비운 비움의 시간, 선정禪定의 경지에서 얻는 순도 높은 평화의 시간이다.

'가까스로'라는 부사어는 귀환에 따른 피로와 수고를 감추며 드러낸다. 어디에도 피로라는 표현은 보이지 않는다. 그러나 '가까스로' 돌아오는 자들은 늘 수고 때문에 제 존재 내부에 피로가 쌓인다. 우리는 죽음 속에서 살 수 없지만 피로 속에서는 살 수가 있다. 피로는 육체의 문제가 아니라 정신의 고갈에서 비롯된 정신적 체감

體感의 문제다. 피로의 출현은 갑작스런 것이 아니고 한없이 느리게 이어지는 것이다. 피로 때문에 죽는 사람은 없지만 피로 때문에 불행한 느낌에서 벗어나지 못할 수는 있다. 왜냐하면 피로란 "불행 가운데 가장 대수롭지 않은 불행"블랑쇼이기 때문이다. 우리의 삶이란 대수롭지 않은 작은 불행들을 무수한 잎으로 매단 나무가 아닌가!

두 척의 배는 고요 속에서 비로소 나란히 눕는다. 여기서 배는 배船고, 배腹다. '벗은'이라는 형용사가 배船에서 배腹로 교묘하게 그 형질과 정체성을 바꾼다. 한낮의 사투에서 살아 돌아온 두 척의 배는 서로의 안부를 묻는다. 생명의 세계에서 물고 물어뜯는 경쟁은 숙명이자 곧 본능이다. 만인은 만인을 상대하는 늑대들이다.

내가 산다는 것은 네가 죽음을 뜻한다. 내가 죽는다는 것은 곧 네가 산다는 것을 뜻한다. 돌아왔다는 것은 살아남았다는 것이고, 살아남았다는 것은 그 경쟁에서 이겼다는 징표다. 서로의 배를 쓰다듬으며 그 배에 난 상처를 보듬는다. 모든 살아 있는 것은 안쓰럽다. 살아 있음은 죽음을 아슬아슬하게 딛고 서 있는 살아 있음이기 때문이다. 두 배는 살아 있음의 고단함을 내려놓고 안식에 든다. 시의 모두冒頭에서 시행들을 이끄는 '가까스로'라는 부사어는 바로 이 안식을 극적으로 드러내기 위한 장치였던 것이다.

생명이라는 이름의 배는 세상에 뜯어 먹히고 부서지며 낡아간다. 누군가 그 뜯어 먹히고 부서지며 낡아가는 상처의 자리에 손을 대는 일은 말할 수 없는 위안이 된다. 두 배의 속삭임은 밥벌이의 현장에서 돌아온 부부의 어조로 바뀐다. 바닷일을 끝내고 무사귀환 한 어부와 그 무사귀환을 반기는 아내의 어조다. 아내가 말한다. "무사하구나, 다행이야." 남편이 대답한다. "응, 바다가 잠잠해서." 두 사람은 따뜻한 어조로 서로의 수고와 피로를 감싸 안으며 위로한다. 두 사람의 목소리는 다른 시편에서 이렇게 변주된다. "어차피 한 악기에 정박한 두 현/내가 저 위태로운 낙엽들의 잎맥 소리를 내면/어이, 가장 낮은 흙의 소리를 내줘/내가 팽팽히 조여진 비명을 노래할 테니/어이, 가장 따뜻한 두엄의 속삭임으로 받아줘"「현 위의 인생」. 이 상처를 보듬는 위로의 말들이 집을 피난처, 공생의 공간, 그리고 휴식과 에너지를 재충전하는 장소로 만든다.

　내 손이 위로와 치유와 염원을 안고 당신의 상처에 가 닿을 때 기적이 일어난다. 분리된 자아, 분리된 인격 사이에 경계가 지워지며, 두 자아와 인격이 하나로 융합하는 것이다. 집은 분리된 것들이 융합하는 기적이 일어나는 곳이다.

풀은 바람보다
빨리 일어난다

풀이 눕는다

비를 몰아오는 동풍에 나부껴

풀은 눕고

드디어 울었다

날이 흐려서 더 울다가

다시 누웠다

풀이 눕는다

바람보다 더 빨리 눕는다

바람보다 더 빨리 울고

바람보다 먼저 일어난다

날이 흐리고

발목까지

발밑까지 눕는다

바람보다 늦게 누워도

바람보다 먼저 일어나고

바람보다 늦게 울어도

바람보다 먼저 웃는다

날이 흐리고 풀뿌리가 눕는다

김수영, 「풀」, 『거대한 뿌리』, 민음사, 1974

김수영이 "풀이, 이름도 없는 낯익은 풀들이, 풀새끼들이/허물어진 담밑에서 사과껍질보다 얇은 // 시멘트 가죽을 뚫고 일어나면 내 집과/나의 정신精神이 순간적으로 들렸다 놓인다"「거짓말의 여운 속에서」, 1967라고 노래할 때, 풀은 담 밑에 흔하게 돋아 있는 대상으로서의 풀이며, 동시에 물질세계와 잇닿아 있는 자명한 의식세계 저 너머의 무엇을 강력하게 암시하는 이미지이다. 풀은 그것을 지칭하는 대상을 넘어서서 시인의 잠재의식 속에서 일어난 이마고imago를 품어 안은 상징인 것이다.

시멘트 거죽을 뚫고 일어서는 풀이 정치적 억압이 상존하는 전체주의적 국가에서 권력의 압제에 저항하는 민중의 현존에 대한 행동의 욕구의 가시적 상징물이라고 말할 수도 있을 것이다. 김수영이 허물어진 담 밑에서 단단한 것조차 꿰뚫으며 올라오는 연약하기 짝이 없는 풀에서 무겁고 단단한 권력에 저항하는 민중의 힘의 무서움을 일말의 두려움 속에서 발견했을 수도 있다.

1968년 김수영이 불의의 교통사고로 세상을 뜨고 유작으로 「풀」을 내놨을 때, 사람들은 우선 「풀」이 보여주는 그간의 제 시적 성취를 전복하는 눈부신 이질성에 놀랐다. 그러나, 사람들은 이 시의 이질성에도 불구하고 「풀」을 김수영이 시를 통해 그토록 한 마음으로 벼려온 소시민의 정치의식이라는 맥락 위에서 읽기를 소망했다. 그래서 바람보다 더 빨리 눕고 바람보다 먼저 일어나는 풀을 정치적 상상력이라는 맥락 속에 집어넣고 독재정권에 저항하는 민중의 상징으로 읽어냈다. 오랫동안 김수영의 풀은 "민중과 그 생명력, 혹은 자유나 부정의 정신"으로 오독되었다.*

그러나 이 시를 조금만 찬찬히 읽어보면 그게 얼마나 무지몽매한 폭력인가가 쉽게 드러난다.

그 뒤로 명민한 비평가 김현에게서 시작해서 여러 뛰어난 비평가들이 나서서 「풀」을 오독의 폐해로부터 구원해냈다. 최근의 정과리·문광훈 등의 비평가에 의해 「풀」은 새로운 해석의 조명을 받고 이 시가 품고 있는 의미의 다가성多價性의 일단이 드러났다. 특히 문광훈은 풀의 함의를 "생명적 움직임"을 포괄하는 상징으로서, "생명적 연쇄의 거대한 움직임은 개체적 형성 맥박을 전경으로 하면서 동시에 우주적 운행의 리듬을 후경"으로 새기고, "일상과 의식, 생활과 시를 일치시키고자 하는 몸의 형성적 실천 속에서 곤경과 수모, 설움과 수치는 더 이상 모순이 아니라 갱생을 위한 자기 변모적 계

* 문광훈, 「시의 희생자 김수영」, 생각의나무, 2002

기"를 찾아낸 빼어난 시로 평가한다.

　정과리는 「풀」이 보여주는 동사들이 교차 반복하며 만들어내는 "운동감"의 파장과 효과를 되새기고, 풀 위에 서 있는 "발목/발밑"의 존재에 대한 주목을 환기시키며 "작란하는 타자"를 새로운 해석의 코드로 내세우고 있다. 그리하여 "'나'는 고통하는 존재로서 풀과 동렬에 서며, 이 연관 덕분에 고통 모르는 존재들의 놀이인 풀—바람의 작란에 동참할 가능성을 얻게 된다"는 빼어난 해석을 이끌어낸다. 아무튼 두 비평가에 의해 「풀」은 이전의 이해보다 훨씬 더 진화된 해석의 지평 속에서 새롭게 더해진 생명력을 갖게 되었다.

　풀은 빨리 눕고 빨리 울고, 늦게 누워도 먼저 일어나는 속도를 보여준다. 이 시를 이해하는 데 빨리, 늦게, 먼저 등과 같은 시간의 경과를 보여주는 부사어의 반복적인 쓰임을 놓쳐서는 안 된다. 풀은 바람의 동력을 즐겁게 쓴다. 풀은 차라리 바람과 함께 논다遊戲. 풀은 거기 있을 뿐만 아니라 바람의 리듬을 타고 저편으로 나아가는 생명의 율동을 보여준다. 바람과 더불어 놀며 운동과 속도에 의해 끊임없이 자기갱신의 몸짓을 되풀이 하는 것이다. 이 풀은 이미 바람이 있기 전의 그 풀이 아니다. 이 풀은 바람의 결에 따라 눕고 울었던, 과거에 포획된 풀이 아니다. 이 풀은 늦게 누워도 먼저 일어나고 늦게 울어도 먼저 웃는 풀이다. 가장 낮은 곳발목/풀뿌리에서 울다가 불어오는 동풍을 끌어들여 풀—동풍으로 자기갱신을 이룬다.

* 문광훈, 앞의 책

풀은 더 빨리 울고 더 먼저 일어난다. 풀은 풀—동풍으로 거듭나는 운동과 속도로 '문턱'을 넘어선다. 그리하여 이 풀은 아무데나 지천으로 널린 흔하고 흔한 풀에서 단 하나의 풀로 호명 받는다. 김수영의 「풀」은 있음에서 되어짐으로 나아감, 그 생명의 율동에 대한 찬가다.

누구나 가슴에
벼랑 하나쯤 품고 산다

자신을 찍으려는 도끼가 왔을 때
나무는 도끼를 삼켰다.
도끼로부터 도망가다가 도끼를 삼켰다.

폭풍우 몰아치던 밤
나무는 번개를 삼켰다.
깊은 잠에서 깨어났을 때 더 깊이 찔리는 번개를 삼켰다.

이수명, 「나무는 도끼를 삼켰다」, 『붉은 담장의 커브』, 민음사, 2001

「나무는 도끼를 삼켰다」는 불과 6행으로 이루어진 아주 짧은 시다. 나무/도끼의 대립에서 펼쳐지는 이 시의 전언을 해독하는 것은 쉽지 않다. 한 철학자에 따르면 우리는 불가피하게 두 독재자 밑에서 생을 꾸린다. 그 두 독재자의 이름을 들으면, 당신은, 아하, 하고 반응할 것이다. '우연'과 '시간'이 그 독재자들이다. 비유로 말하자면, 우연은 밤길에서 예기치 않게 만난 강도이고, 시간은 생이라는 급전이 필요해 빌린 고리대금업자다.

먼저 우연에 대해서. 많은 생들이 보편적 이성의 선택보다는 우연에 의해 길러지고 만들어진다. 우연이란 도덕적 준칙도 아니고 당위적 명제도 아니다. 우연은 의도나 생각의 프레임 바깥에 있는 것, 있어야만 하는 것은 아니고 있을 수 없는 것, 그러나 지나서 돌아보면 있을 수도 있는 것의 범주에서 가장 예측할 수 없는 것의 돌연한 끼어듦이다. 우연은 기대의 지평선에는 보이지 않다가 느닷없이 얼굴을 드러내면서 아는 척을 하고 태연하게 제 몫을 챙긴다. 그런 맥락에서 우연은 생의 새로운 범주로서, 새로 발견되어야만 하는 범주다. 그 다음 시간에 대해서. 시간은 탐욕스럽다. 모든 것을 집어삼킨다. 젊음, 꿈, 기억, 생명, 기회들, 승리와 영광의 아우라……들은 시간 안에서 일어나고 스러진다.

시간의 파괴력을 견딜 수 있는 것은 아무것도 없다. 시간 안에서 사물들은 시들고 깨지고 부스러지고 자취도 없이 사라진다. 시간은 눈에 보이지 않는다. 피로는 시간이 생에 개입한 물증이다. 보드리야르는 피로를 가리켜 "육체에 깊이 파고드는 이의 주장"이라고 했는데, 이때 시간은 피로와 한 몸으로 묻어 온다. 그러니까 육체에 파고드는 피로는 곧 육체에 파고드는 시간의 다른 이름이다. 시간의 항구성 앞에서 우리는 탄생과 쇠락이라는 생의 사건을 겪고 죽음에 이른다.

자신을 찍으려는 도끼가 왔을 때

나무는 도끼를 삼켰다.

도끼로부터 도망가다가 도끼를 삼켰다.

이수명은 우리 생을 지배하는 두 독재자를 '도끼'라는 은유에 쓸어 담는다. 나무는 주체고, 도끼는 나무를 찍는 객체다. 나무는 자신에게 위해를 가하는 도구적 존재인 도끼 앞에서 무력하다. 그러나 약한 형질의 나무가 돌연 강한 형질의 도끼를 삼킨다. 나무를 존재론적인 주체로 끌어당긴다면 도끼를 당위론적인 법—정의—질서로 끌어당기지 못할 이유도 없다. 나무와 도끼의 어긋남 '사이'에 삶이 있다. 나무와 도끼의 '사이'는 우연과 시간이 소용돌이치는 중간지대다. 이 '사이'는 나무와 도끼가 연루된 찍고 찍히는 상호관계의 이행과 변이의 지대다. 해체주의 철학자 자크 데리다는 이 '사이'를 "정의되지 않은 방향 전환의 거처"라고 말한다.

나무는 자신을 찍어내려고 덤벼드는 도끼를 삼켰다. 도끼로부터 "도망가다가" 도끼를 삼킴으로써 나무는 도끼—나무가 되었다. 나무에게는 나무의 길이 있고, 도끼에게는 도끼의 길이 있는데, 이 둘이 하나로 합쳐진다. 나무와 도끼의 사이에서 모종의 형질 전환이 일어난다. 나무의 입장에서 보자면 탈영토화로서의 탈주다. 이것으로 나무와 도끼 사이의 화해불가능한 깊은 대립과 모순은 내면으로 숨고 관계의 파국에서 슬쩍 비껴간다.

폭풍우 몰아치던 밤

나무는 번개를 삼켰다.

깊은 잠에서 깨어났을 때 더 깊이 찔리는 번개를 삼켰다.

「나무는 도끼를 삼켰다」는 감동을 주는 시는 아니다. 감동 대신에 충분히 사유할 수 있게 한다. 자, 다시 사유의 길을 따라가보자. 도끼를 삼킨 나무는 다시 한 번 번개를 삼킨다. 나무는 그냥 나무가 아니다. 나무는 번개를 삼킴으로써 번개-나무라는 존재론적 변화에 이른다. 이것 역시 탈영토화로서의 탈주다. 6행으로 된 시에서 4행이 "삼켰다"라는 과거완료시제 동사로 끝난다. "삼켰다"라는 동사에는 "씹지 않고 먹다"의 뜻이 스민다. 말 그대로의 해석을 따라가면, 삼켜진 자는 삼킨 자와 일체가 된다. 포식자에게 먹힘으로써 피식자는 포식자의 일부로 존재가 편입되는 것이다. 도끼를 삼키고 번개를 삼키는 나무는 포식자다. 본디는 도끼와 번개가 포식자이고, 나무는 피식자일 텐데, 이 시에서는 관계의 역전이 일어난다. 피식자의 계열에 속하는 나무가 포식자_{도끼·번개}를 삼킴으로써 자기를 구원한다.

「나무는 도끼를 삼켰다」에서 피동성의 주체인 나무를 도끼조차 삼켜버리는 포식자로 상상한 발상법은 평이하지 않다. 이것은 실제 사건이 아니라 하나의 심리 드라마로 읽힌다. 나무는 도끼·번개라는 타자를 자기 속에 포용해냄으로써 피해자와 가해자라는 대립 구도를 무너뜨린다. 피해자의 처지에 있으면서도 도끼·번개가 가진 파괴의 에너지를 생성의 에너지로 바꿈으로써 상생의 꿈을 오롯하게 그려낸다.

누구나 가슴에 벼랑을 하나쯤 품고 산다. 어떤 나무가 제 속에 도끼를 품고 번개를 품고 살듯이. 벼랑을 품은 삶과 그렇지 않은 삶 중에서 어느 쪽이 더 낫냐는 단순비교는 의미가 없다. 중요한 것은 포기하지 않고 잘 살아내는 것이다. "지상의 그늘들이 포개지는 저녁이 와도 내 산책은 저물지 못했는데. 나는 계속 덧나기만 했어요. 덧난 자리마다 부끄러운 길을 만들고, 그 길은 다른 길로 무수히 갈라졌어요. 갈라져서 돌아오지 못했어요. 이제 남아 있는 나는 아무것도 붙잡을 수가 없어요"「생의 다른 가지」, 『새로운 오독이 거리를 메웠다』.

계속 덧나기만 하는 생. 부끄러운 그것마저도 차츰 줄어든다. 생은 줄어듦으로 우연과 시간 앞에서 우글거린다. 우연에 뺏기고 시간에 자발적으로 넘겨준 것, 그리고 남은 것이 남들과 인사말을 나누고 농담을 건네는 현재의 생이다. 그 생으로 길을 만들며 꾸역꾸역 간다. 그 길은 수많은 길들로 갈라지는데, 갈라진 그것들 위로 우리는 벼랑을 품은 생을 밀고 간다. 저를 찍으려던 도끼를 품고 저리도 늠름하게 서 있는 나무를 보니, 아, 이 생은 기쁘고 숭고하다. 아무것도 붙잡을 수 없고 남은 게 그저 흘러가는 일뿐이라도. 생의 안쪽은 텅 비고, 애초의 출발점으로 다시는 돌아갈 수가 없다 할지라도.

KI신서 3888
서른 살을 위한 힐링 포엠

오늘, 명랑하거나 우울하거나

1판 1쇄 인쇄 2012년 4월 5일
1판 2쇄 발행 2012년 5월 2일

지은이 장석주
펴낸이 김영곤 **펴낸곳** (주)북이십일 21세기북스
부사장 임병주
MC기획1실장 김성수 **BC기획팀** 심지혜 양으녕 홍지은 **해외기획팀** 김준수 조민정
편집실장 주명석 **편집3팀장** 최진 **책임편집** 조혜정 **디자인** 씨디자인
마케팅영업본부장 최창규 **마케팅** 김현섭 김현유 강서영 **영업** 이경희 정병철
출판등록 2000년 5월 6일 제10-1965호
주소 (우 413-756) 경기도 파주시 문발동 파주출판단지 518-3
대표전화 031-955-2100 **팩스** 031-955-2151 **이메일** book21@book21.co.kr
홈페이지 www.book21.com
21세기북스 트위터 @21cbook **블로그** b.book21.com

ⓒ장석주, 2012

ISBN 978-89-509-3644-0 03810

책값은 뒤표지에 있습니다.

이 책 내용의 일부 또는 전부를 재사용하려면 반드시 (주)북이십일의 동의를 얻어야 합니다.
잘못 만들어진 책은 구입하신 서점에서 교환해 드립니다.